日本の遺跡46

加曽利貝塚

村田六郎太 著

同成社

南貝塚の貝層断面（1964年調査直後）

北貝塚の貝層断面（調査直後、北面の住居切り合い部分）

1964年の南貝塚調査風景

北貝塚第Ⅱ調査区29号住居跡と検出された人骨群

北貝塚東斜面部で検出された大型特殊遺構

縄文時代編年の指標となる加曽利貝塚出土の土器

加曽利Ｅ式土器（縄文中期後半）

加曽利Ｂ式土器（縄文後期後半）

目　次

カバー写真　上空から見た加曽利貝塚
装丁　吉永聖児

加曽利貝塚

はじめに

「エッ！　加曽利《かそり》ですか」。突然の異動内示に、これまで携わってきた分野とかけ離れた「縄文時代」への対応が求められることになった。

大学の四年間、弥生時代から古墳時代の遺跡調査が主で、縄文時代にはほとんどかかわっていない。千葉市に奉職後も、おもに古墳時代から平安時代の集落遺跡の調査がつづいた。縄文時代の遺跡では、現在の千葉市動物公園に位置する「餅ヶ崎遺跡」の調査を一年間担当した経験だけであった。

日本の考古学を学びはじめると、すぐに貝塚や古墳といった遺跡に関する記述の多さに気付く。とくに貝塚は縄文文化の代名詞のように小学校の教科書にも記載されていた。また、加曽利貝塚は日本の代表的な縄文遺跡の一つとして広く知られている。その「加曽利貝塚博物館」の学芸係への異動内示であった。

これまで縄文時代の調査に携わってこなかったばかりでなく、積極的に学んでこなかった面も多々ある。その根底には、当時の考古学界での縄文時代についての研究があまりに複雑で近寄りがたく、あえて避けてきた自分がある。「文字のない時代の……」と突っ張ってみても、心の片隅では自身への物足りなさも感じていた。

この内示以降の二年間の学芸員、その後八年間の学芸係長、同じく一一年間の副館長と、間断はあるものの、千葉市の職員である期間の過半を加曽利貝塚にかかわることとなった。

これまで縄文時代の研究を手掛けてこなかったことから、着任以降は不足する知識を補うことに汲々とする毎日がつづいた。出会う方々は「加曽利」の学芸員、あるいは学芸係長と知ると、縄文時代の専門家、あるいは貝塚研究のエキスパートであるかのように話が進められる。まさか「よくわからない」とはいえない。自身が始めた企画展「貝塚の謎を探る」シリーズは、全国各地の貝塚群について地域ごとにスポットを当てたものであったが、資料調査の先々で右記のような対応を受け、赤面する経験も数知れない。反面、別の分野からの転身のためか、さまざまな研究や成果について客観的に観ることができるという利点もあった。

加曽利貝塚の調査の歴史は古く、これまでの考古学人生のなかで、実際の調査現場に立ち会えたわけではない。学芸活動を通じて資料や各種データの再整理などを行い、残された情報を総合的に検討し、展示や体験学習、新たな調査研究事業などへと活用してきたが、現代の調査のレベルとのギャップに悩む場面も多く感じられた。

本書は、これまでの経験をふまえて、加曽利貝塚における調査の歴史やその成果、史跡公園としての保存整備と特徴的な博物館活動、東京湾における貝塚形成のメカニズムや古環境の推定復原、現在の再整理の成果や今後の方向性など、これまでの学芸活動に絡ませながら解説し、加曽利貝塚を理解する上での一助となることを主な目的としている。また、貝塚に秘められた豊富な情報量とその可能性を知ることで、日本国内に数多く遺る貝塚遺跡全体の保存への取り組みが進むことになればとも考えている。

貝塚遺跡に関しては、これまで数多くの書籍が定義・解説している。これらの著述と重複・相違する部分が多々あると思われるが、ご笑読いただければ幸いである。

I　考古学の発展とともに歩んだ加曽利貝塚

JR千葉駅から千葉都市モノレール千城台方面行きに乗車して「桜木駅」に向かうと、懸垂式モノレールの車窓から、眼下に平坦に広がる下総台地の連なりと、その彼方には筑波山まで遠望できる。台地上から低地にまで住宅が広がり、旧来の地形がわかりにくくはなってきているが、台地は樹枝状に展開する解析谷によって分断され、舌状の地形で他の台地と連なっていることも観察できる。千葉市内では、これらの台地上に多くの遺跡が展開している。

モノレールが都賀駅を過ぎると、進行方向右側に住宅地に囲まれた六〇ヘクタールほどの雑木林の緑がみえてくる。この一角に加曽利貝塚がある。

加曽利貝塚が立地する台地は、千葉市街地を西流する都川の、中流域に注ぐ坂月川とその低地である古山支谷を東に臨み、東面に比較的緩やかな斜面をもっている。古山支谷の標高は一三メートルほどで、台地上の標高三〇メートルと一七メートルほどの比高差を測る。

加曽利貝塚は、環状で直径約一三〇メートルの北貝塚と、馬蹄形《ばていけい》で長径一七〇メートルの南貝塚が連結して、特殊な「8の字」形をした国内唯一の縄文貝塚である。一般には北貝塚が中期、南貝塚が後期と簡単に説明されているが、北貝塚は後期前半まで形成されていたことが判明しており、南貝塚と並行して営まれていた時期があったと考えられている。いずれの貝塚も基本的に台地上平坦部に形成されている（図1）。

北貝塚は幅が二〇《メートル》ほどで中央部が高い半紡錘形の断面の貝層が環状に完結している。規模は、外縁で短径約一三〇《メートル》・長径約一五五《メートル》、内縁は短径約七五《メートル》・長径約一〇五《メートル》を測る。全体にほぼ円形ではあるが、東側の斜面部分でややゆがむ形となっている。

南貝塚は北東部の大きな開口と南西部に狭い開口をもつ馬蹄形貝塚で、三つの貝層で構成されている。規模は外縁で短径約一五〇《メートル》・長径約一七〇《メートル》、内縁は短径八〇《メートル》・長径一二〇《メートル》を測る。北東から南西に長い楕円形を基本として貝層は展開し、北東の開口部は古山支谷の屈曲部方向を向く。

加曽利貝塚は、貝塚を中心に、周辺に広がる台地上の平坦地から斜面にかけて集落跡が展開することが確認されている。そのため約一三・四《ヘクタール》が国の史跡に指定され、現在は史跡公園として整備され、市民に親しまれている。

公園内は広大な落葉広葉樹林や草原を背景として一九六六年に開館した博物館のほか、竪穴住居跡群や貝層の断面二カ所などが発掘当時の姿で見学できる観覧施設が整備され、復原集落など縄文時代が体感できる空間として、毎年小学生の団体見学などでにぎわっている。

千葉市内には一一〇カ所の貝塚が確認され、世界的に見ても最も貝塚が集中する地域として注目される。概算ではあるが、全国の貝塚を形成する貝殻の一割近くが千葉市にあるといっても過言で

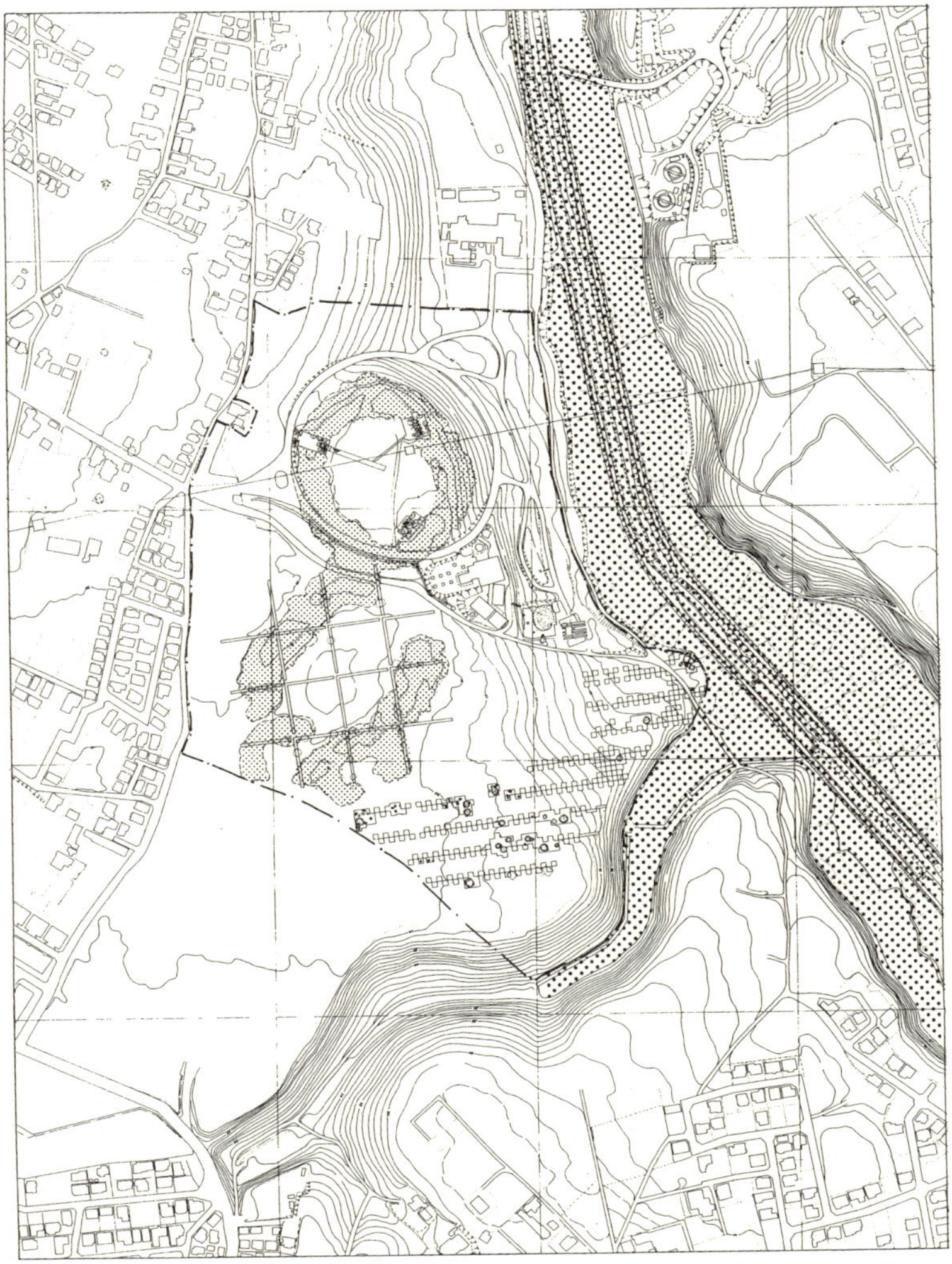

図 1　加曽利貝塚周辺地形図

はない。そのため、千葉市は「貝塚の街」ともよばれており、大型環状貝塚は二六カ所に分布する。そのうち、加曽利貝塚をはじめ、月ノ木貝塚・荒屋敷貝塚・犢橋《こてはし》貝塚・花輪貝塚が国の史跡に指定されおり、これらを総合的に整備する計画も策定された。

とくに加曽利貝塚は、二つの大型環状貝塚が接した特殊な形状ばかりでなく、永い形成期間や規模など特筆すべき状況も多く、貝塚を研究する上で最も重要な貝塚遺跡のひとつといえる。

この加曽利貝塚における調査の歴史は、日本の考古学の黎明期にあたる明治時代に始まり、戦前の学術調査、戦後の開発と遺跡保存運動、その間の調査手法の変遷など、まさに日本考古学の歩んできた歴史とも複合する。ここでは、若干事象が重複するものの、おのおのの調査について時代を追って概要を解説したい。

1　人類学研究のために

貝塚がはじめて学術的に発掘調査されたのは、科学としての日本考古学の原点でもある、Ｅ・Ｓ・モースによる大森貝塚の調査であることは周知のことと思う。しかし、モースは食人習慣等を論じたことで日本を逐われることにもなる。そのためか、良好な人骨資料が貝塚から出土することが注目され、ナショナリズムも関連してブームのように各地で貝塚が調査された。

加曽利貝塚が初めて学界に紹介されたのは、一八八七年の東京人類学会雑誌二巻十九号に掲載された上田英吉の「下総国千葉郡介墟記」で、千葉郡にはおよそ二〇カ所の貝塚があり、明治五年以来、農民が貝殻を採掘して石灰をつくっていたことなどが記載されている。

一九〇七年の東京人類学会雑誌二六〇号に「東京人類学会第三回遠足会」として石田収蔵・大野雲外・今西龍・坪井正五郎などが当時の調査状況を報告している。そのなかで、当時の発掘の多くが珍品目当ての盗掘まがいのものであったことが随所にうかがえる。一九〇九年には「地底の秘密」を著した江見忠功（水蔭）が、加曽利貝塚で一対の滑車型耳飾りを得たことが示されている。一九一五年には東京人類学会の第三一年会の記念として遠足会が催され、長谷部言人や小金井良精などの人類学者が参加している。

これらの調査は人類学雑誌等にその内容が掲載されているものの、調査図面などはなく、調査地点や出土状況などは掲載雑誌の文脈から推定する以外に方法はない。なお、一九〇七年の坪井正五郎発掘の縄文人骨を含め、東京人類学会等が掘り出した人骨の多くは、良好な状態で東京大学総合研究博物館に保管されている。

後述するが、一九九八〜二〇〇〇年にかけて、加曽利貝塚出土人骨の追跡調査を実施し、東京大学等に保管されている人骨の再調査・集成を行った。この段階で、四七体の人骨が精査されたが、報告書に記載されている人骨の個体数は六〇体をこえている。

その後、獣骨類の再整理の過程で多くの人骨片を検出したため、あらためて総合調査を実施している。新たに加わった資料のなかには、新生児〜乳児の骨が四〇体以上含まれていた。今後のコラーゲン分析などの最新の分析手法を含め、新たな資料提供が行えるものと期待される。

2　土器型式と編年研究

日本の遺跡の多くは酸性土壌の上に展開するた

め、有機物の大半は腐敗・分解し、その他の物も多くが失われる。そのため、出土する遺物の大多数は土器で、これに石器が加わる。

土器は考古学を研究する上で最も有用な資料で、とくに縄文土器は機能ばかりでなく、その特異な文様などから多様な分析が可能で、分類・細分とともに系統を読みとることなど、当時の社会や文化を解明する上で重要な情報を秘めている。

縄文土器は、各地で特徴的な土器とその共伴するセットなどから型式が設定されてきた。また、遺構の切り合いや積み重なった土層の上下などによって判断される新旧の関係を集積することによって、その地域の土器の古さの順番である型式編年が試みられ、現在もその研究が進められている。

とくに貝塚遺跡は、次々と人為的に積み上げられた幾重もの貝層によって土器がパッケージされ、撹乱なども確認しやすい。また、複雑に絡み合った貝殻によって上からの圧力が分散され、土器の傷みも少ない。

そのため、貝塚は縄文土器の型式設定や編年研究に大きく寄与し、土器型式の多くが同名の貝塚を標式遺跡としている。関東地方では三浦半島周辺から湘南、横浜市南部で貝塚調査が進められ、縄文時代早期の土器型式の大半がこの地域の遺跡で設定されている。前期には奥東京湾の埼玉県、中期・後期には千葉県・埼玉県などの貝塚や遺跡で土器型式が設定されている。関東地方の三三型式のうち、二六型式が貝塚遺跡の出土資料を基に命名・設定されている（図2）。

加曽利貝塚は縄文時代中期後半の「加曽利E式」と後期中葉の「加曽利B式」の両型式が設定された標式遺跡となっている。

E式・B式の名称については、一九二二年に松

	土器型式	
晩期	荒海	
	安行Ⅲ	
後期	安行Ⅱ	
	安行Ⅰ	
	曽谷	
	加曽利B	
	堀之内	
	称名寺	
中期	加曽利E	
	勝坂	阿玉台
	五領ケ台	下小野
前期	十三菩提	興津
	諸磯c	浮島Ⅲ
	諸磯a b	浮島
	黒浜	植房
	関山	
	花積下層	
早期	茅山	
	鵜ケ島台	
	野島	
	子母口	
	田戸	
	花輪台	
	稲荷台	
	夏島	
	井草・大丸	

（網掛け）は貝塚遺跡名

図2　関東地方の縄文土器型式編年表と貝塚

村瞭・大山柏が貝塚の実地踏査を試み、測量・実測や試掘を行っている。この段階で加曽利貝塚をAからDの四点に区分している。しかし、測量の内容等は、大山が翌年の一九二三年から一九二五年にかけてドイツに私費留学していることや、帰国後の軍役、大山史前学研究所の設立などによって報告されず、一九三六年の同研究所による加曽利貝塚の発掘調査と翌年の報告によってAからD点の詳細が明らかとなった。ところが、大山はこの報告のなかでE点については関知していないことを明言している（図3）。

一方、加曽利E式・B式を設定した一九二四年の甲野勇・八幡一郎・山内清男・宮坂光次らによる加曽利貝塚の調査では、大山の測量図を基に「B地点の北方二三町、水田に臨む台地の端の急斜面を選定し、E地点とした」としていることか

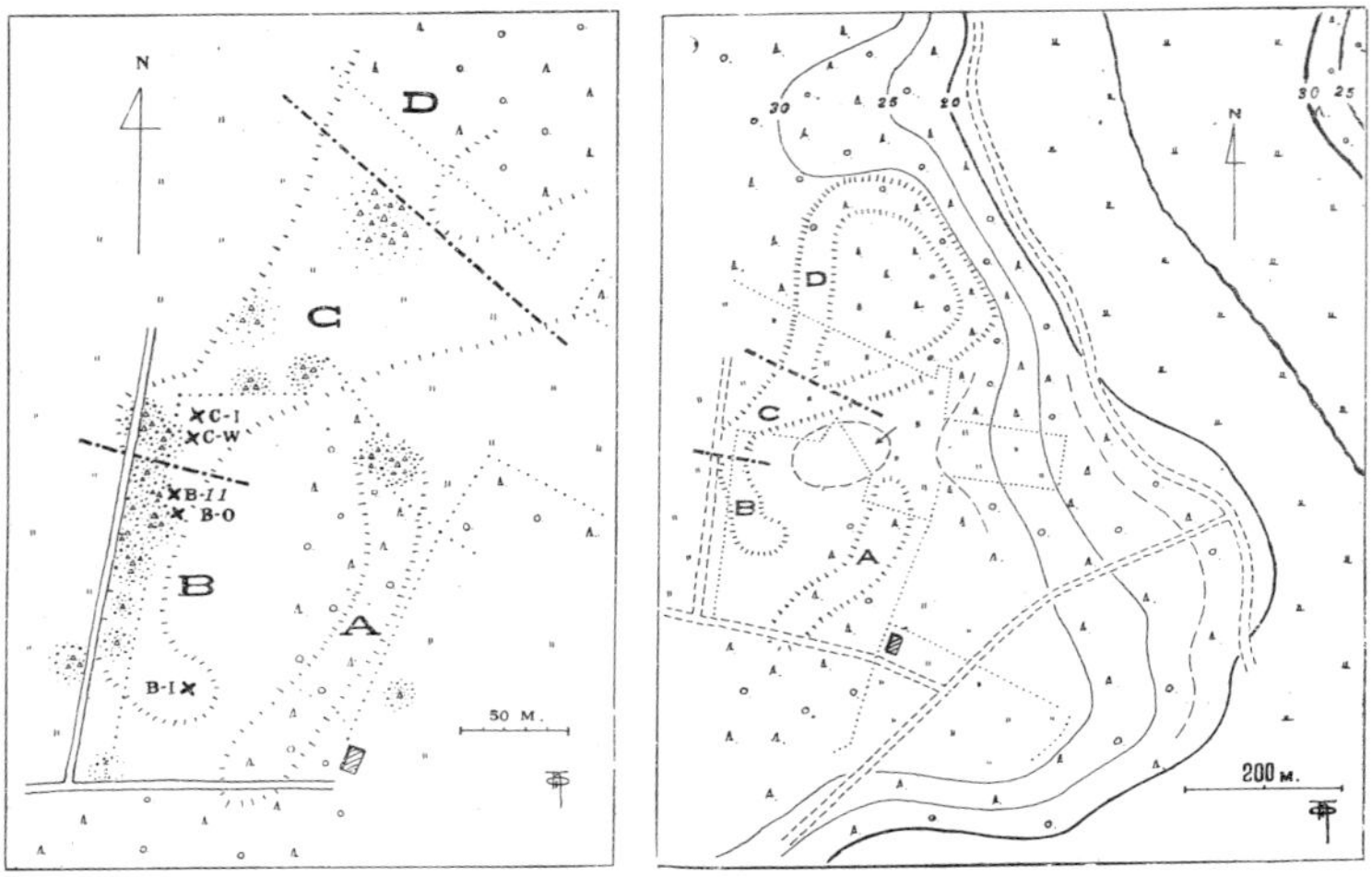

図3　史前学雑誌掲載の加曽利貝塚測量図

ら、大山の測量図で描かれているD点の東側、現在の北貝塚東端の斜面部分であることが推定される。B点については「大山の実測図にBとしたところなので、それを踏襲して」となっており、現在の南貝塚西側の貝層部分であることがわかる。

東京大学総合研究博物館に収蔵されている一九二四年の調査写真では、E地点と考えられる斜面に設定されたトレンチで、学生服にソフト帽の甲野と学生服にハンチングの八幡、作業着姿の山内、ネクタイにベストを着てソフト帽の宮坂の姿が写されている。背景の平坦部は若い松林で、斜面には若い落葉広葉樹林が広がっている。大山の測量図にみえる樹林記号と合致するとともに、斜面に展開する貝殻からも、北貝塚の東斜面部であることが判断される（図4・図5）。

E・Bの各地点について大山は、単に「点」と表現しているが、報告図をみると貝層に特定のラ

図 4　北貝塚 E 地点調査中の宮坂光次（左）・山内清男（右）（東京大学総合研究博物館所蔵）

図 5　北貝塚 E 地点調査中の八幡一郎（左）・甲野勇（右）（東京大学総合研究博物館所蔵）

インで区分けしていることから、現在の区域を意味するものと読みとれる。八幡は「地点」としているが、ある程度区域を意識した特定の場所を指しているようである。

(二) 加曽利E式（図6）

一九二四年の山内・八幡らの調査でE地点とB地点から出土する土器が異なることが認められ、それぞれの土器群に型式が認識された。

はじめて加曽利E式の名称が現れるのは、一九二八年の下総上本郷貝塚の紹介で、山内が加曽利貝塚の調査に触れ、縄文土器の年代的順序を明らかにしている。

それは、①繊維を含む土器型式、②繊維を含まない諸磯式、③「勝坂」または「阿玉台」、④加曽利E、⑤堀之内、⑥加曽利B、⑦安行というものであった。また、一九四〇（昭和十五）年には、加曽利E式土器の設定の経緯や細分、東北地方南部を中心に分布する大木式土器との並行関係や系統等を論じ、加曽利E式土器の具体的な資料の写真が提示されている。

戦後、関東地方では首都圏の拡大等による発掘調査の増大によって、各地で中期加曽利E式に関連する膨大な資料が蓄積され、地域ごとに緻密な分析研究が進められている。

加曽利E式は、現在E1からE4のおおむね四段階に分けられ、大木式や中部地方の曽利式と共伴する例から、加曽利E1式に大木8a～8b式・曽利1～2式、加曽利E2式に大木9式・曽利3～4式、加曽利E3～4式に大木10式・曽利5式がほぼ併行することが明らかとなり、地域交流などを解明する糸口ともなっている。

器形は深鉢が主体で、口縁部が内湾するいわゆるキャリパー形のものや、底部からまっすぐ開く

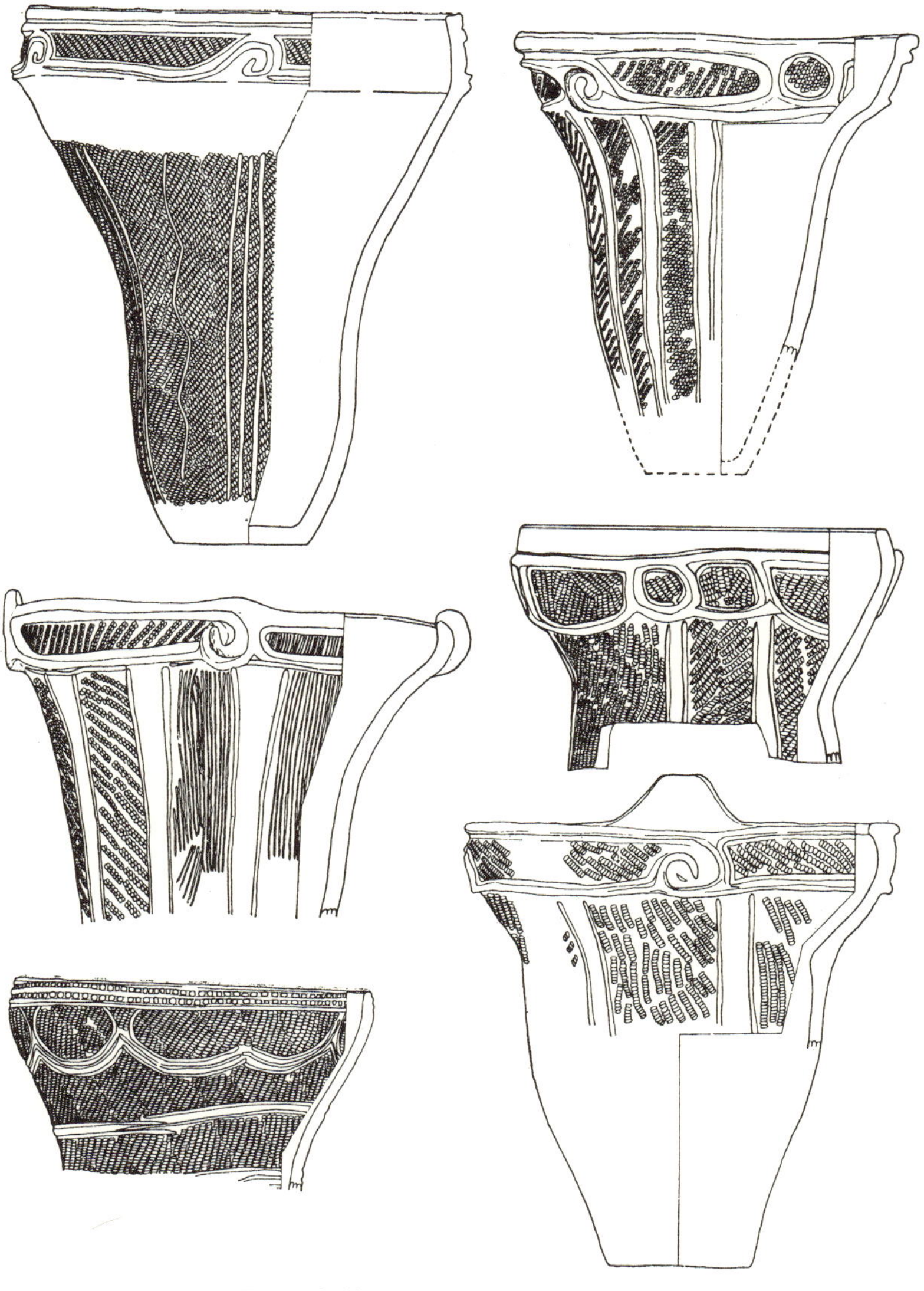

図６　加曽利貝塚出土加曽利Ｅ式土器

ものなどがある。波状口縁もみられるが、多くは平縁である。その他に浅鉢や有孔鍔付土器もみられる。

E1~2式では口縁部文様帯と胴部文様帯に分かれ、口縁部文様帯では粘土紐を貼り付けた隆帯で渦巻文や波状文が施される。胴部は縦方向に沈線が描かれて区画される。E3式以降は口縁部文様帯が明瞭でなくなる。胴部も縦方向ばかりでなく上端や中段で連結し、土器全体を磨消縄文帯の連続文様で彩るものも多くなり、後の称名寺式へと移行する。

(二) 加曽利B式（図7）

日本で最初に発掘された東京都大森貝塚の出土土器の主体となっていたことから大森式とよばれ、縄文土器を大別した厚手式・薄手式の土器のうち、薄手式土器を代表するものととらえられていた。

前述のB地点において、この土器を含む貝層の下の層から「堀之内式土器がやや多量、加曽利E式土器が少量」出土し、貴重な層位的出土例とされ、山内により標準資料として設定された。

一九三九年、山内は「古い部分、中位の古さ、新しい部分」の三段階に分けた。その後研究を進めて、一九六四年にB1~B3式の名称を付けている。しかし、B2式として提示した資料が少なく、B3式との差が明瞭に示されなかったことなどから、現在でも加曽利B式の細分や編年をめぐる論争がつづいている。

縄文中期頃から、土器は普段使いのものとなんらかの儀式用のものに分けられ、後期になると装飾性の高い精製土器と、実用性中心の粗製土器に区分できるようになってくる。とくに、加曽利B式になると精製・粗製の差が明確化する。

図7　加曽利貝塚出土加曽利Ｂ式土器

精製土器の器形は深鉢・浅鉢・皿・注口土器などで、異形台付土器や双口土器、香炉形土器、壺などもみられる。器面はていねいに研磨され、焼成直後に落ち葉などに埋め込んで、燻べて炭素を吸着させる黒色土器も多い。

粗製土器は深鉢が主体で、煮炊きに使用した痕跡を多く残している。また、サイズも大小あり、下処理用の大型深鉢と仕上げ用の小型深鉢など、調理の過程を想定した分析・検討も進められている。

加曽利Ｂ式に類似した文様やシルエットをもつ土器は日本列

島に広く分布し、貝やアスファルト、黒曜石やヒスイといった物の流れを示す資料の研究とともに、拡大し重複した文化圏などを研究する上で重要な情報を秘めている。また、この時期の遺跡では、他の地方の土器が供伴する場合が多く、胎土分析による土器の製作地の解明など、今後の研究において重要な役割を担ってもいる。

(三) 戦前の総合調査

公爵大山柏が私財を投じて設立した大山史前学研究所が、一九三六年に遺跡見学会を計画した。この見学会に先立って、総合的な発掘調査が実施されている。大山は一九二二年に加曽利貝塚の踏査と測量、一部での試掘を行っていたが、前後する人類学会等の遠足会が盗掘まがいのものであったことを憂いていた。そのため、見学会に先立って測量図を完成させるとともに、調査地点を設定して総合的な調査を実施している。その成果を見学させるため、出土品を展示するとともに「加曽利貝塚の概要」と題されたパンフレットも配布するという現在の遺跡見学会に等しい内容であった。

一九三七年に史前学雑誌第九巻一号に報告された調査内容をみると、現在の発掘調査報告に遜色ない内容に驚かされる。とくに、これまでの報告例を列挙した調査史を示した上で、立地や地形の解説と測量図を示している。そのなかで、初めて「二個の環形の複合」を提示し、各調査区の詳細な記録がのこされている。一方、大型貝塚形成のメカニズムに対して、地道な研究から進めるべきものと考えていたことが文面から深く読み取ることができる。

調査地点に関する内容も詳細で、考古学のあるべき姿を体現するかのように、基礎研究的な姿勢を貫いている。

報告されたなかで注目されるのは、大給尹が担当した詳細な貝類の分類で、斧足類二四種・腹足類三六種・掘足類一種・頭足類一種が列挙されている。個々の貝類に関する解説等は省かれているものの、注目される貝類については出土地点を明記した上で考察を試みてもいる。とくに、近年森林環境の推定で着目されている陸産微小貝類を、すでに注出していることには驚かされる。

惜しむらくは、この大山史前学研究所が一九四五年五月二十五日の空襲で灰燼に帰していることである。

大戦後の調査では、明治大学考古学研究室による一九五八年のE地点の調査がある。縄文時代中期の代表的な土器形式となっている加曽利E式の詳細と細分を目的とした調査であったが、考古学年報一一に概要が報告されたのみで、明治大学博物館に一部の資料が展示されている。

3　遺跡保存運動と発掘調査

(一)　加曽利貝塚の危機

一九六一年の冬、市内の百貨店で開催する文化財展覧会に展示する写真撮影のため、武田宗久は千葉市教育委員会の依頼を受け、カメラマンや係官と成田街道を加曽利貝塚に向かった。

成田街道から右に折れてしばらく進むと「コーン、コーン」と杭を打ち込む音が聞こえてくる。また、ときおりチェーンソーのエンジン音が鳴り響いてもいる。加曽利貝塚に到着すると、林の大半が伐採され、測量杭が打ち込まれている。武田は愕然としながらも、近くで働く作業員に問いただすと「郵政省互助会」の仕事で「住宅地造成」を進めていることが判明した。このとき、武田は

「何としても保存しなければならない！」と直感した。

あまりにも事態が切迫していたため「貝塚の一部なりとも早急に発掘調査したうえで、世論に訴える以外に当面の対策はない」と武田は決意し、千葉市の文化財保護審議会に加曽利貝塚の重要性を説明するとともに、発掘の必要性を提案し、全会一致で了承された。

一九六二年八月三日から十六日にかけて、武田を中心に、早稲田大学考古学研究室の金子浩昌、千葉高等学校郷土研究クラブや加曽利中学校考古学クラブ、早稲田大学学生有志、地元の方々などで、北貝塚の二地点を調査した。発掘調査終了後、一カ月間調査区を公開し、遺跡の重要性を市民に訴えている。

事業主であった郵政省互助会は土地を松島炭鉱株式会社に売却し、さらに一九六三年一月頃東洋プレハブ工業株式会社がこれを買収して整地作業を開始して、加曽利南貝塚の南端を破壊したことから、保存運動は急速に高まっていった。

この年の二月十四日、日本考古学協会の文化財保護対策協議会は『加曽利貝塚保存に関する要望書』として、

一．加曽利貝塚をただちに指定史跡にすること
二．その全域を買上げること
三．現地を公園化し、野外博物館的施設をつくること

の三項目を挙げ、四月二十七日に開催された日本考古学協会第二九回総会はこれを可決し、国・県・市に要望することになった。この要望書に対して開会中の国会で文部省（当時）の記念物課長は緊急調査で対応する（つまり記録調査後に破壊する）趣旨の答弁を行った。

一方、三月六日に千葉県の文化財主事と武田が

加曽利貝塚の状況を視察すると、数カ所の生々しい盗掘痕を発見した。同月二十六日の「千葉日報社」は一面に「加曽利貝塚を守ろう」と題して、その重要性と破壊の危機を訴える記事を満載した。

四月六日に武田が千葉市長宮内三朗（当時）に単独会見を申し込み、加曽利貝塚の重要性と保存への協力を申し込んだところ、即座に全面支持を確約し、保存運動への積極的な協力と適切な措置を講ずるよう各部署に指示した。

この前後から文化財保護対策委員会は全国的な署名運動を展開した。これに呼応して地元の千葉市では六月二十一日「加曽利貝塚を守る会」の設立総会が開催され、対策協議会の三カ条を採択可決して、同月二十三日には街頭署名活動を行った。

六月二十六日現在で集められた一万以上の署名をもって衆参両院への請願が行われ、千葉県内選出の各議員への協力依頼も行われた。

七月十六日の「加曽利貝塚を守る会」理事会の席上、宮内市長が「加曽利貝塚を保存するため、とりあえず予算の支出を考慮している」と言明すると、これまでの千葉県の消極的な態度が一変し、同月十八日には千葉県知事が千葉市との協力体制をつくることを確約している。

八月五日の千葉市議会では、千葉市長が加曽利北貝塚とその周辺五万四七八〇㎡を自然公園として買収を予定していることを表明した。これと同時に、県知事が一九六四（昭和三十九）年度予算で保存館を建設する計画を考慮していると述べている。

一方、南貝塚については、工場用地の材料置場となっているなかで、文部省は記録保存（調査後破壊で処理する）の方向での検討を進めていた。

あくまでも南北両貝塚の保存を願う「加曽利貝塚を守る会」と「文化財保護対策委員会」は、早急に発掘調査を実施することで、調査の進行と同時に成果を公表し、広く保存の必要性を訴える以外に道がないとして、日本考古学協会に南貝塚の調査を要望した。これと時を同じくして県・市の両教育委員会も連名で考古学協会に調査を依頼したことで、思惑の異なる二本の調査依頼を考古学協会は受けることになった。

　これと併行して、北貝塚では公園整備と博物館建設が決定され、一九六四年に国の史跡に指定されている。

　一九六四年五月の第三〇回総会で日本考古学協会は「学術調査によって重要性を明らかにし、保存の実現を図るべきである」という意見が採択され、「破壊を前提としない前向きの調査」として取り組むため、加曽利貝塚調査特別委員会が結成された。六月には加曽利貝塚発掘調査団が、団長早稲田大学教授滝口宏・副団長明治大学教授杉原荘介・同慶応大学教授清水潤三の、日本の考古学をリードする三大学が協力しあう体制で組織されたのである。

　調査は、七月二十日から南貝塚全体を一七〇メートルの正方形で囲み、二メートル幅の調査トレンチを配置する測量が開始された。八月三日から発掘がはじまり、調査は個々のトレンチで南貝塚の堆積状況を確実に把握するため、関東ローム層まで掘り下げられた。これが「昭和三十九年の大発掘」と語り継がれるもので、貝塚の全体像をつかむため、貝塚を縦横に六本の大トレンチで貫くものであった。

　この調査主体となった学校は、早稲田・明治・慶応・東京・国学院・同志社などの各大学で、地元の高校生や下総考古学研究会も協力し、延べで三〇〇〇人以上が参加した。発掘作業は十月下旬までに基本となるトレンチを完掘し、十月二十四日から南貝塚の中央部南西の一一区の平面的な調査が進められた。この平面発掘は、遺構保護のために十一月末で一時中断し、翌年三月から再開された。

一九六五年五月の日本考古学協会第三一回総会では、保存に向けて楽観が許されない状況が報告され、あらためて加曽利貝塚を全面的に保存する要望書の提出が提案された。要望書は五月十四日に国に提出された。

この要望書を受理した文部省は南貝塚について、これまでの記録保存の方針を、現状保存に転換することを余儀なくされた。そのため、文部省は南貝塚の地主に対して工場の建設をしないように申し入れた。九月には調査区の埋め戻しを加曽利貝塚調査団に依頼し、南貝塚の公有地化が図られることになった。

その後も、加曽利貝塚周辺についての開発が次々と計画された。まず、南貝塚の南東に隣接する平坦地と東の傾斜面に福祉施設と防火用水地の建設が計画され、一九七〇～七三年にかけて博物館が遺跡の限界確認調査を行った。その結果、加曽利貝塚の集落としての範囲が貝塚の外側まで広く及ぶことが判明し、調査区域の全域が保存されることになり、南貝塚と周辺域の公有地化が完了した一九七八年に、現在の公園敷地の全域が国の史跡に追加指定されている。

この保存運動や博物館整備にかかわる発掘調査の概略を、年次を追って解説したい。

(二)　保存を左右した発掘

加曽利貝塚の重要性を認識してもらうことを前提に一九六二年に武田が北貝塚で行った調査は、

七月二十二日に予備調査を行い、八月三日から十五日までの十二日間実施された。調査区は現在の北貝塚住居跡群観覧施設にあたる第一地点と、その南一〇メートルに第二地点が設定された。

第一地点では、相互に部分的に重複した状態の竪穴住居跡五軒が確認された。このうち一軒が完掘され、二軒が一部の調査にとどめている。住居跡の床面の斬り合い関係や出土土器、相互の埋土などから、縄文時代中期後半から後期初頭にかけて連続的に構築されたことが判明している。

また、直径二メートル前後の大形の土抗が六基検出され、ある種の貯蔵施設と推定されている。

第二地点は、平面プランは明確でないものの、二軒の住居跡が検出され、上部住居が後期加曽利B式期、下部住居が加曽利E式期にあたる。この第二調査区で特筆されるのは、上部の住居跡床面に五体の埋葬人骨を検出した点にある。一体は仰臥伸展葬といって、体を上向きに上肢・下肢ともに伸ばした形で埋葬されたものである。別の四体はある程度まとまった形で検出されているが、非常に混乱して通常の埋葬とは考えにくい状況を示している。一体は頭蓋骨と下肢が一・七メートルも離れて検出されているにもかかわらず、撹乱の痕跡が見られない。ほぼ同時期に埋葬されたものとは考えられるが、人骨同士が絡み合って、死後に放置された可能性が考えられている（図8）。

この第二地点は調査後に埋め戻され、第一地点が調査の後に数カ月にわたって公開され、遺跡保存運動の原動力ともなった。

次に一九六四年に実施された発掘は、通称「昭和三九年の大発掘」とよばれるもので、破壊の危機にあった南貝塚について、日本考古学協会が千葉市の委託を受けて実施した調査である。

調査は八月一日から翌年の一九六五年三月三十

図 8　1962年調査第 2 地点出土人骨群

一日にかけて、若干の断続があるものの、約半年間にわたって進められている。

　南貝塚全体に二メートル方眼の調査グリットを東西・南北ともに八五グリット（一七〇メートル）設定し、北西隅を基点に配置している。この中央部（四四グリット）に調査トレンチを設定して、南北方向を第Ⅰトレンチ、東西方向を第Ⅱトレンチとした。東西・南北方向ともに二三・四四・六六グリットにあたる地点にトレンチを設定し、南貝塚全体を均等に六本のトレンチが配置された。また、後の平面的な調査のために、この六本のトレンチで区画された一六の区域を中グリットとして区分している（図9）。

　この調査では、中期前半の阿玉台式期の住居跡四軒、中期後半加曽利E式期が四軒、後期初頭の称名寺式期が二軒、堀之内Ⅰ式期が一三軒、加曽利B式期が六軒、安行Ⅰ式期一軒、晩期初頭の安行Ⅲ式期が一軒と、時期不明の一軒を加え、三二軒の住居跡が検出されている。

　一方、埋葬人骨は三一体、埋葬犬が四体検出されている。しかし、調査が二メートル幅のトレンチの範囲で行われたため、すべてを掘り上げたわけではない。また、人骨のなかには散乱骨が見られたことから、貝塚形成期に重複する竪穴住居等の構築などによる散乱も推定されている。

　この調査で、北貝塚形成期にあたる中期の竪穴住居が、南貝塚の貝層下から検出されたことは、貝塚の周辺に集落が展開することを暗示させ、後の限界確認調査へと波及していく。

　また、貝層下から多量の埋葬人骨や埋葬犬が検出されたこと、南貝塚形成期間中に貝層を切るように竪穴住居が構築されていることもあって、貝塚が単なる「ゴミ捨て場」という一般の認識を一掃させることにもなった。

図9　南貝塚調査風景（1964年）

一九六四年十月から中グリットの第一一区で平面的な調査が進められていくが、この調査途上で南貝塚の保存が決定している。

（三）野外施設整備に向けて

北貝塚が公園用地として保存され、博物館建設と並行して進められた野外の観覧施設の建設にともなう事前調査である。

まず、一九六五年の調査は、一九六二年調査の第一地点を再調査する第Ⅰ調査区と、新たに住居跡群を検出する第Ⅱ調査区が設定された。これは、両調査区を比較検討した上で、一方を住居跡群の観覧施設として整備するものである。

第Ⅰ調査区は一〇×二〇《メートル》の区域に二《メートル》方眼の調査グリットを設定し、先の第一地点で検出された住居跡群を中心に、中期前半から後期前半にわたる二〇軒の竪穴住居が検出されている。このな

図10　北貝塚第Ⅰ調査区全景

かで、平面プランの明確な五軒が、現在の住居跡群観覧施設の整備対象に撰定された（図10）。

第Ⅱ調査区は第Ⅰ調査区と同様に、一〇×二〇メートルの調査区を中心に、東に二×一二メートルの拡張区を設けて調査され、中期一〇軒、後期二軒の竪穴住居跡を検出した。

ここで注目されるのは、第Ⅱ調査区の二九号住居跡（口絵3頁参照）で、確認面に大量の焼土が検出され、掘り下げると炉を中心に四体の人骨が検出された点にある。熟年女性二人に成年男性一人、性別不明の少年一人の構成で、家族構成を知る上で貴重な資料となった。

俯せの一人のほか、蹲踞の姿勢で座った状態が観察された。多様な原因での一家全滅という説や、住居内埋葬などが推定されているが、確認面で観察されたレンズ状に堆積した焼土によって、宗教的な意味を暗示させている。

図11　北貝塚第Ⅲ調査区貝層断面

次に一九六六年、北貝塚で最も貝層が盛り上がり、良好な貝層断面観覧施設が想定される北貝塚の西端部分が第Ⅲ調査区に選定された。この調査では、環状の北貝塚西端から貝塚の中央部に向けて、幅三《メートル》で長さ八〇《メートル》の調査トレンチが設定された（図11）。

この調査で北貝塚の中央部は、南貝塚と同様に住居跡や土抗などの遺構は見られず、あらためて環状貝塚の中央部が無遺構の空間であることが確認されている。

一方、貝層断面は旧地表から二《メートル》以上の緻密な堆積状況を示し、貝層と複雑な切り合い関係をもつ中期の住居跡が一五軒、大形の土抗六基が検出されている。いずれの遺構も環状貝塚の内側に沿うように展開し、中期の段階で、少なくとも一〇軒が重複している。

貝層断面は純貝層が緻密に堆積し、見学施設として最良の断面を得ることになった。

　北貝塚に建設が決定された貝層断面観覧施設と住居跡群観覧施設の追加調査として、一九六七年に外壁基礎となる部分で発掘調査を実施した。遺構の保存処理を行う上で、横方向の地下水の移動を防ぐため、外壁はローム層深く施工される。そのための追加調査であったが、記録保存の形で進められ、調査された遺構は残されてはいない。また、調査成果は煩雑になるため、一九六五・六六年調査に加えて報告されている。

　一九六八年には、建設が進む北貝塚の遺構観覧施設へ電気を供給する地下ケーブル埋設にともなう事前調査と、敷地内に古民家を移築するための確認調査が行われた。

　地下ケーブルにともなう第Ⅳ調査区では、博物館から各施設までの間、幅一メートルで総延長三〇〇メートルの調査トレンチが、一〇メートル単位に区切られて調査されている。この調査トレンチでは基本的に拡幅調査を行わない方針で、一三軒の竪穴住居跡と八基の土抗が検出されている。また、ケーブルのターミナルが設置される部分の住居について、拡張して調査している。

　この調査で注目されるのは、拡張して発掘された住居周辺から三体の埋葬人骨が検出された点にある。一体は非常に保存状況のよい成人男性人骨で、他の二体は、頭部に深鉢形土器を被せたいわゆる「被甕葬」である。被せられた土器は、いずれも加曽利Ｅ１式で、骨の保存状況があまりよくないものの、成人女性と推定されている。

　また、この人骨埋葬区域の西一五メートルほどの地点から、埋葬犬が二体検出されている。

　この人骨と埋葬犬のうち、成人男性一体と埋葬犬一体が、保存処理された上で取り上げられ、博物館内で常設展示されている。

一方、古民家移築に先立つ確認調査では、明確な文化層は確認されないものの、斜面地を整地した痕跡が確認されている。東の谷をのぞむ斜面下端に、なんらかの意図があって整地したものかと調査段階で想定されていたが、後年の調査でこの地点の斜面上部から大型建物跡が検出されたことから、縄文期の大規模な地形改変が行われていたことがわかってきている。

（四）遺跡の広がりを求めて

加曽利の南北貝塚の公有地化・保存以降も、周辺部に開発が次々と計画されている。そのようななかで、南貝塚の東側平坦地と斜面部について福祉施設建設が計画されたことから、加曽利貝塚の限界確認調査が一九七〇～七三年に実施されている。また、博物館や移築された旧大須賀家住宅の防火水槽建設も計画されたことから、この地点の事前調査も実施された。

南貝塚の限界確認調査では、南貝塚に設定された調査グリットを基準として、四《メートル》方眼の調査区を南東方向に設定し、平面的な遺構展開を確認する調査が実施されている。

とくに、一九六六年調査で考えられてきた貝塚周辺への集落展開の有無とともに、遺跡の範囲をどのように考えるかが問われる調査でもあった。

調査対象地域は南貝塚の南東の標高二九《メートル》の平坦部から東の沖積谷へとつづく傾斜地全域で、水田面に突出する岬状の部分にいたる広大な範囲で、調査後の保存も意識して、調査区を展開している。

検出された遺構は、台地上平坦部で中期の住居跡一三軒、後期の住居跡一軒と土抗一一基、古墳時代後期の住居跡二軒、岬状の部分では縄文早期の炉穴五基、前期の住居跡二軒、古墳時代後期の

図12　南貝塚東傾斜面部の限界確認調査風景

図13　北貝塚東傾斜面部で検出された大型特殊遺構

住居跡二軒が検出されている。斜面部では後期後半の住居跡二軒が検出された（図12）。

このことから、加曽利貝塚の形成期にあたる時期の住居跡などの遺構が、環状や馬蹄形に貝層範囲周辺に広く分布し、当時の集落規模が私たちの想像以上に広がっていたことが判明した。そのため、福祉施設計画を中断して、公有地化と史跡への追加指定を行うことになっている。また、平坦部で検出された住居跡群については、後年に復原集落が整備されている。

一方、移築された旧大須賀家住宅の西側の斜面上に計画された防火水槽の事前調査では、長径一九・四メートル×短径一四・五メートルあまりの楕円形の平面プランをもつ大型建物が検出されている（図13）。同心円状に三列の柱穴が巡り、炉跡が三カ所以上あるにもかかわらず、生活用具となる遺物の出土がみられない。床面から後期加曽利B式の台付異形土器三点をはじめ、山形土偶片などととともに、石棒やヒスイ製小玉などの特殊遺物が検出されている。これら出土した遺物群と遺構自体の規模などから、通常の生活にともなうものとは想定できない。明らかに祭祀など精神生活を印象づける調査内容から、民家移築にともなって検出されたテラス状遺構を含めて、この部分に後期の精神生活を知る上で重要な遺構群が展開することが想定された。そのため、防火水槽建設は中止され、保存されるにいたっている。

（五）史跡整備を目指して（一九八六〜九二年）

これまでの調査成果だけでは総合的な史跡整備計画が策定できないことが予想されたことから、新たに加曽利南貝塚の整備にともなう事前調査が、一九八九年から進められた。国指定史跡として大切に保存される遺跡を、一部でも調査することは破壊につながることが憂慮され、南貝塚貝層部分には比抵抗マッピング、南貝塚と東傾斜面全体での地下レーダーによる非破壊調査を、一九八六年に予備調査とともに発掘調査による検証を行い、一九八七年に全面的な精査を実施した。

さて、この調査に先立ち、あらためて加曽利貝塚全域の測量を実施している。日本における発掘調査が大規模化する一九七〇年代後半から、三角点などからのトラバース測量が実施されるようになってきていたが、加曽利貝塚において初めて国の水平直角座標系からの座標を求めた測量が行われた。

この測量を基に、南貝塚では東西方向に二〇メートル間隔の地下レーダー探査ラインと、比抵抗マッピングの調査グリットを設定している。

地下レーダーは、地表から電磁波を放射し、その地下からの反射をとらえて、地層の変化や反射体の分布を探るものである。測定は、送・受信アンテナの間隔を一定に保ったまま、地表面上に設定した測線に沿って一定速度で移動しながら行う。地下に遺構があれば、埋土と自然堆積層では電磁波の反射に差が生じてくる。また、貝層は局所的な反射体として現れ、発掘することなく探査ラインの地下の状況を把握できる。

　比抵抗マッピングは、地表面に電流電極と電位電極を一定間隔で差し込み、電流電極から地下に電流を流して、そのときの電圧降下を電位電極で測定することによって、地盤の比抵抗を測る。この方法を、調査対象地域に方眼の調査地点を設定した上で、各地点間の地盤の比抵抗分布を面的に把握する。地盤の比抵抗は、土の種類や間隙率、含水率などによって変化するため、比抵抗の変化によって地盤内の土質変化を推定することができる。土の種類では粘土分の多いほど比抵抗は少なく、砂分の多い土ほど比抵抗が大きい。また、間隙率が小さく含水率が大きいほど比抵抗は小さくなる。とくに貝塚部分では、貝層の堆積、土壌への混入、溶解によって比抵抗変化が大きく現れる傾向がある。比抵抗マッピングによる南貝塚の貝層分布は、これまでのボーリング棒を突き刺すことで貝殻の有無を調べた従来の方法にくらべて、より詳細な貝層分布の平面形を知ることとなった(図14)。

　地下レーダーでは、貝ブロックにも強い反応を示し、広範囲にわたって遺構が密に展開するデータを得ることになった。検出された遺構は、直径三メートル以上のものが二〇三カ所、三メートル未満のものが四三カ所、直径五メートル以上の貝層が一五カ所、五メートル未満が五八カ所と、遺構・貝層あわせて三二三カ所が検出されている。

　これら調査法自体が、調査段階にはデータ解析

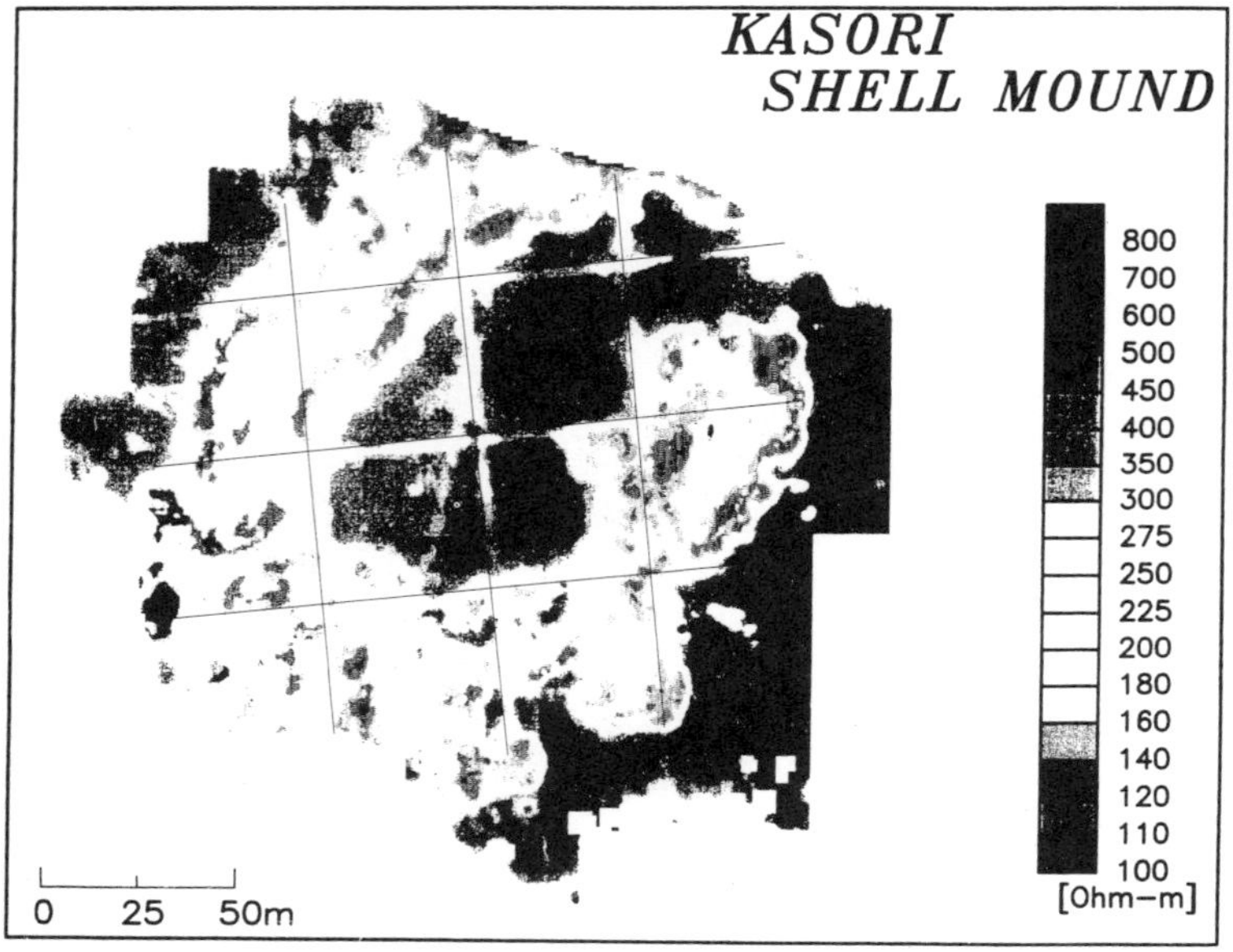

図14　南貝塚の比抵抗マッピングで得られた貝層分布

法が確立してないことから、得られたデータを受けて、発掘調査によるデータ補正の必要性が検討された。そのため、特徴的な反応を示した地点の発掘調査を実施したところ、探査が有効な手段であることが証明され、遺構については、ローム層を掘り窪めたものに対して充分なデータを得ることが判明している。

これらの非破壊探査と並行して、一九六四年の南貝塚調査トレンチの位置を知るための測量を行った。南貝塚の発掘では、将来の整備を前提にして、埋め戻しの際に調査トレンチの隅にコンクリート杭を設置していた。この杭を先の測量調査の基準点とトラバース測量を行い、座標を求め、後述する磁北の補正を行った。

これらの調査成果を受けて、南貝塚の整備計画が策定されたわけであるが、整備の中心となるのが、新たな貝層断面観覧施設と復原集落の建設、園路や説明板の整備であった。

貝層断面は一九六四年の調査成果から、南北に貫通する第Ⅲトレンチの三区が最も厚く、また公園入り口に近いことや、加曽利B式標準土器出土地点に重複することもあって、施設の設置場所として選定された。

測量成果を基に新たに調査区を設定して、調査が進められた。貝層断面を後述する「剥ぎ取り転写法」で整備することが決定されたことから、一九六四年の段階で二メートル幅であった調査トレンチを、基礎部分も含めた幅四メートルに拡幅して調査している。

調査の詳細は整理中であるが、中期の竪穴住居跡五軒、後期の竪穴住居跡五軒、土抗八基が検出され、貝塚の内側の部分では、遺構が複雑に重なりあって検出されている。

この調査で検出された貝層断面についての詳細は後述するが、最大高二・四メートル、幅三〇メートルのレンズ状の断面が剥ぎ取られている。また、剥ぎ取った裏面が展示されるという剥ぎ取り転写法の特性から、東と西の断面を入れ替えて展示することになった。

また、作業・運搬上の問題から一・八メートルを単位として剥ぎ取り、展示段階で貼りあわせている。

4　調査手法の変遷

一九六二年の北貝塚の調査から一九七四年の南貝塚東傾斜面の限界確認調査にかけて、調査主体が変遷する一方、調査手法にも多くに変更があった。これは日本考古学の発展と、調査技術の進歩も大きく影響している。一九六〇年代以降の高度経済成長とそれにともなう開発の増加は、発掘調査の急増ばかりでなく、大規模化も進んでいった。そのため、調査記録の精度が求められるようになった。

一九六二年の調査では任意設定のトレンチ方式で、平板測量と簡易な磁北設定で調査が進められた。トレンチの幅も均一でなく、状況により柔軟に拡張トレンチが設定されている。

一九六四～六五年の南貝塚大発掘では、南貝塚全体を、磁北を基準に東西・南北各一七〇《メートル》の範囲に二《メートル》方眼のグリットを設定し、約二〇《メートル》の間隔で貝塚を縦横に貫く調査トレンチ六本が掘られている。調査当初は長さ二〇《メートル》のトレンチからの出土遺物を一括で取り上げ、混乱した状況も見られたが、その後、グリット単位での取り上げに落ち着いている。しかし、グリット名とトレンチ名の併記など、参加した学生のなかでも混乱があったようで、遺物の荷札等に誤記も目立つ。

一九六五～六七年の野外施設整備にかかわる北貝塚の調査では、対象範囲に則した二《メートル》方眼の任意グリットが設定された。しかし、調査順にグリット番号を付けるなど、こなれてない面が垣間見える。この調査でも磁北が採られている

一九七〇年から一九七三年にかけて、南貝塚の南東に広がる平坦部と東傾斜面で限界確認調査や古民家移築の事前調査等が行われた。その際、一九六四年の調査における方位を踏襲しつつ、加曽利貝塚全体に二〇《メートル》の中グリットを設定し、この中グリット内を四《メートル》方眼、つまり二五の小グリットに区分けした。しかし、一九七〇・七一年と一九七二・七三年では小グリットの番号の振り方に齟齬があり、若干混乱している。

一九八四年からはじまる南貝塚の整備にともない、加曽利貝塚では初めて国の水平直角座標系Ⅸを基準とした広範囲の地形測量が行われた。

その測量の基準杭と南貝塚調査の各トレンチに

図15　トラバース測量で復元したトレンチ配置

残されたコンクリート杭のトラバース測量を行った。この測量は、これまでの調査での磁北を補正することを目的とした。これは、加曽利北貝塚には一九六二年段階にはすでに送電線鉄塔が存在し、北貝塚の各調査区が送電線直下であったため、磁界の乱れが想定されたためである。

その結果、千葉市周辺の現在の磁気偏角は約六度五〇分西であるのに対して、南貝塚の調査トレンチは八度五分西に傾いている。また、トレンチ配置にも測量ミスが読みとれた（図15）。

これまで加曽利貝塚の発掘調査に参加された方々と何度かお話しする機会があった。その際、異口同音に話される内容は、加曽利貝塚での経験から調査手法を真剣に検討してきたというものであった。

南貝塚の大発掘では、破壊の危機が迫るなかで、貝層下の遺構の存在を明らかにすることが遺跡を保存する要件のひとつと認識されていたことから、数日で二メートル以上の厚さの貝層が掘り上げられている。当時の調査日誌を読み返すと、遺跡保存への熱意と焦り、粗い調査への懸念、遺物取り上げでの反省などさまざまな思いが読みとれる。

調査参加者の多くはその後、考古学研究や文化財行政の第一線で活躍され、より精度の高い調査手法を求めて試行が繰り返されている。また、この加曽利貝塚の発掘調査と相前後するように、考古学研究者たちの間では、発掘調査手法の乱れや調査記録の不備などが懸念されていたことから、一九六六年に文化庁が「発掘調査の手引き」を初刊し、現在まで改訂が続けられている。

まさに、加曽利貝塚の調査が契機となって、発掘調査法が発展したといっても過言ではない。

Ⅱ　加曽利貝塚の整備

加曽利北貝塚が史跡公園として公有地化され、博物館建設の方向性が示されると、整備と活用についての検討が進められた。しかし、当時の遺跡博物館に対する認識は浅く、また遺跡を保護する観点からか、非常にコンパクトな博物館が建設された。一方、開館直後に博物館敷地を含む遺跡全体が国の史跡に指定されたことから、その後増改築が困難な状況となっている。

これらのことから、遺跡のあるべき姿を模索しつつ縄文貝塚の意義を広く普及・啓発することを目的に、当時としては先例のない「野外博物館」をめざすこととなった。野外博物館では、明治村や江戸東京たてもの園などが知られている。しかし、当時は縄文時代の住居跡などを復原した建物は事例も少なく、学術的に課題もあるとして、当初は集落復原などの案は採られなかった。

加曽利貝塚の保存の契機となった武田の北貝塚の発掘や南貝塚の大発掘で、調査の公開や見学会の開催が好評であったことから、遺構の恒常的な公開がひとつの展示手法として着目され、まず、貝塚の断面や竪穴住居跡の見学施設の設置が考えられた。

また、遺跡全体を活用した学芸活動など、先例にない分野への取り組みも検討されていった。

1　史跡の整備と保存の試み

本来、遺跡の保存法で最も有効な手段は、そのまま埋めておくことで、これには遺跡が遺ってい たという数千年の実績がある。しかし、埋蔵状態では観察や学習活動は不可能で、史跡の活用を図ることはできない。

いつでも見学できるように遺構を露出展示することは、全体に急激な乾燥を強いることになる。関東ローム層に代表される土壌の多くは、乾燥によって収縮し、亀裂の発生が継続的に起こって崩壊する。つまり、見学者の利便性と遺跡保存の両立が史跡整備に求められることになる。

戦後の日本文化に大きな影響を及ぼしたもののひとつに、プラスチック類の合成樹脂がある。文化財でも、合成樹脂等を使った保存が早くから試みられた。文化財の保存・修復をさまざまな科学的な視点で検討し、その手法を確立する分野に「保存科学」があるが、文化庁は早くから保存科学に着目し、東京と奈良に国立の文化財研究所を設置し、さまざまな分野での保存手法を検討してきた。

見学施設として、貝層断面と竪穴住居跡群の二施設の設置の方針が固められると、整備における指導を東京国立文化財研究所に仰ぐことになった。

これに対して文化財研究所は、加曽利貝塚の整備以降に各地で遺構の見学施設が計画されることを想定し、保存科学の実験を前提として対応することにしている。

北貝塚に計画された見学施設は、重なり合った

図16　建設中の北貝塚住居跡群観覧施設

竪穴住居跡が貝塚に埋まっていた状況を展示するものと、地表から最も貝層が厚く堆積した複雑な断面を展示するもので、異なる性質の複合体を保存処理することになる。

整備にともなう事前調査後に遺構は埋め戻され、全体をカバーする覆屋が建築された。この覆屋は基礎部分を深くして水平方向での地下水の浸入を遮断するものの、地下からの水分補給が可能なものとなっている（図16、図17）。

覆屋の完成後、埋め土を除去して保存処理を行うことになる。しかし、合成樹脂を活用した保存科学自体が研究の第一段階であったことや、土に含まれる水分が使用する樹脂の選択範囲を狭める原因ともなって、作業は難航を極めた。

当時の保存科学は、それ自体が市場として確立していないため、既存の合成樹脂のなかから最適のものを選択して処理を行う状況にあった。ま

図17　竣工直後の北貝塚住居跡群観覧施設

た、合成樹脂の大半が有機溶剤をともなうものであったことから、水にあまり反発しない低分子のものや親水性の樹脂が選ばれることになった（図18、図19）。

まず、処理前にできるだけ土の表面を乾燥させ、ひび割れる直前に樹脂を含浸させて固める。この時点で、遺構面から一センチ前後まで樹脂が含浸されたが、表面に樹脂膜が残り、全体に油を塗ったような状況となった。

一方貝層は、貝同士が複雑に絡み合うように見えるが、貝殻自体は土との接着性が弱い。また主体となるイボキサゴなどの小形の巻貝は貝殻同士の接点が小さいため大きく崩壊する危険があった。そのため、貝層部分には、相互の結合を強めることを目的に、樹脂が強制的に注入された。この貝層断面でも表面に樹脂が皮膜をつくり、質感はいちじるしく損なわれ、住居跡群とともに見学

図18　遺構保存の試験薬剤調合

図19　遺構保存の処理風景

図20　藻類が繁茂した住居跡群

施設として以後の大きな課題となっていた。

また、この竪穴住居跡群と貝層断面の両見学施設が一九七〇（昭和四十五）年に公開されて以来、乾燥によるカルシウム塩等の塩基類結晶の析出や藻類・カビの発生、結露による水滴対策など、通年で進める維持管理に多大な労力が投入されてきている（図20、図21）。

2　新たな保存技術の導入

(一)　貝層断面の剥ぎ取り式転写

この保存科学に次々と新技術が開発され、加曽利貝塚にも投入されている。その第一が南貝塚に新たに整備された貝層断面の見学施設である。

南貝塚の整備は千葉市史跡整備基本構想を基に、一九八八年から計画され、一九九四年に完成している。この整備の柱のひとつが南貝塚の貝層

図21　藻類の菌糸除去作業

断面の整備で、これにより中期と後期の貝層断面を比較して見学できる日本唯一の遺跡となっている。しかし、北貝塚の貝層断面での手法がメンテナンスに多大な労力が求められたことから、南貝塚では剥ぎ取り式転写法が採用された。

これは、発掘した断面に水に反応するウレタン樹脂（ウレタンプレポリマー）を塗り、寒冷紗やガラス繊維を貼り付けた上で水を与えて発泡反応させて固め、剥ぎ取ってから反転させてパネルに貼り付けるもので、剥ぎ取った裏面にあたる部分を観察することになる。

これまで貝塚の発掘などでの断面観察は、時間的な制約や気象条件などに左右された。この剥ぎ取り転写法の開発によって、調査後の遺物整理の段階でも長時間の観察が可能となり、調査成果の充実に大きく貢献することになった。この方法は、これまで移動が不可能であった遺構を、異

図22　ポリシロキサン処理後の状況

なった場所に運ぶことができるため、展示手法としても、各地で活用されてきている。また、展示される断面部分には樹脂膜が発生しないため、質感は損なわれない。しかし、基盤となるウレタン樹脂やパネルに活用される合板自体の耐用年数が、断面自体の寿命となる弱点をもっている。

（二）ポリシロキサンの導入

これまで樹脂で固定されてきた北貝塚の見学施設を抜本的に改善させる技術が、一九九〇年代に開発された。ポリシロキサンである。

これまでの保存科学が合成樹脂によって固めるものであったのに対して、ポリシロキサンは土の水分の活性を抑える、つまり、土を乾燥させないことを目的としている。簡単に説明すると、紙オムツに利用されてきたポリエチレングリコール（ＰＥＧ）とシリカの合成物である。シリカは

図23　ポリシロキサン処理後のデータ採取

無機質なものと強く結合する。一方ＰＥＧは水分をゲル化させて、活性を抑える働きをする。つまり、土は乾かなければヒビ割れて崩壊しない。また、皮膜をつくらないため、遺構の質感はまったく損なわれない。

このポリシロキサンを導入するにあたって、北貝塚の住居跡群で一㎡の実験区を設け、一〇年間にわたり経年変化を観察している（図22、図23）。この経年変化の成果をもとに、遺構全面の処理を行い、住居跡群は発掘直後のような状況によみがえった。あわせて、北貝塚貝層断面の土の部分を処理したところ、土の微妙な色の変化もわかり、土層断面自体は調査時と同等のものとなった。

（三）　レーザークリーニング法

貝殻が複雑に絡み合った貝層の古い樹脂膜の除

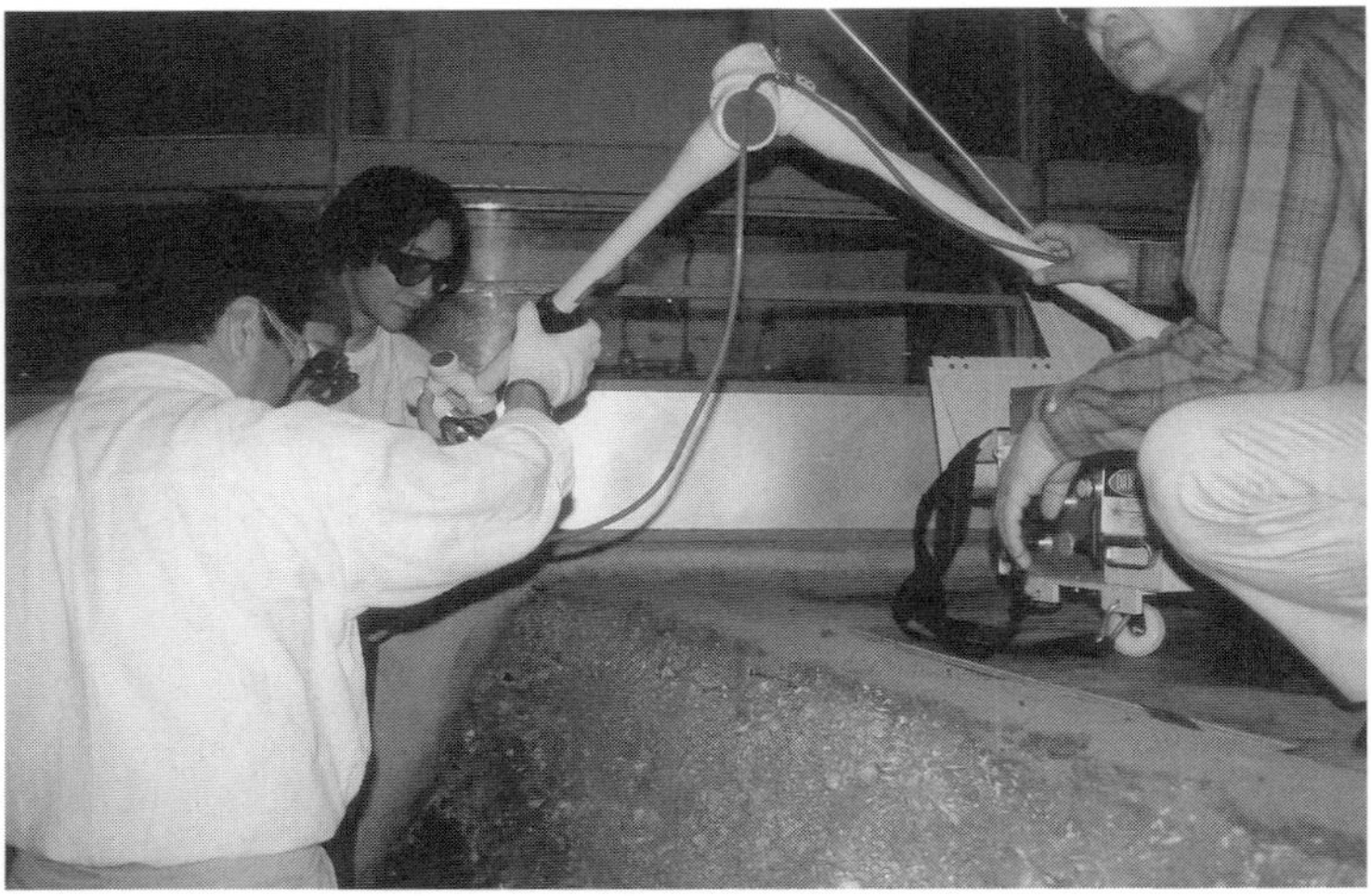

図24　レーザークリーニング実験風景

去という大きな課題が残された。

この課題の解決手段が、九〇年代後半のフランスで開発された。レーザー光線を活用したクリーニング法で、大理石彫刻や金属彫刻、建物などに付着した煤や油脂などの汚れをレーザー光線の照射で除去するもので、対象物にほとんど損傷をあたえず、大きな成果を上げている。この技術の開発は、これまで「文化財の保存上、洗浄等は悪影響を及ぼす」といった基本認識を根底から覆すことになった。

一般にレーザーは、SFの殺人光線のイメージがある。しかし実際には、日本国内でも眼科や皮膚科で広く活用されている技術でもある。

原理的には、特定の物体（ルビーなどの結晶）に電圧を加えることで発光させて、一秒間に十数回の短い光を発生させる。光はごく短時間のものであるが、出力によって千数百度の温度をもつ。

図25　レーザークリーニング実験区（中央右）

そのため、照射された物体の表面数ミクロンで水蒸気爆発のような現象が起こり、樹脂の多くは蒸散する。その際、黒いものに強く反応し、貝殻のような白いものには反応が弱い。

一九九六年に、北貝塚の住居跡群見学施設にある貝層断面で、世界初の照射実験を行った。導入したレーザーは、半導体に電圧を加える近赤外線のYAGレーザーで、他の結晶体が結露に影響されて能力を半減されるなか、高湿の環境でも充分に性能を発揮した。照射する部分をあらかじめ墨汁で黒く染め、直径三ミリのレーザーを照射すると、貝をまったく傷つけずに表面の樹脂膜が除去された。また「貝殻の文様が消える」といった危惧も、この実験で解消されている（図24、図25）。

この成果から、一九九八年の住居跡群観覧施設の全面改修にあわせて、住居跡群の貝層断面について全面的な処理を行っている。一日あたり一㎡

の処理スピードで、約一カ月にわたる作業であったが、貝は質感を取り戻し、三ミリ程度の魚骨が観察できる断面によみがえっている。

今後は、残された北貝塚貝層断面のレーザークリーニングとポリシロキサンによる再処理の実施が期待されている。

3　復原住居の建設

開館当初には復原住居は整備されなかったが、見学者の要望などから五年後には博物館の玄関脇に円錐形の屋根をもつ復原住居が建てられた。しかし、本来住居が検出された場所ではないことや、博物館に隣接して可燃性建物があることへの危惧があり、本格的な整備が求められた。

一九八八年からはじまる南貝塚の整備で、一九九一年に復原集落を整備した。これは、限界確認調査で検出した住居のうち、中期末加曽利E3式の住居を選び、同じプランで地表に復原した。六棟の復原と二棟の軸組建物で、基本的な上屋構造は円錐形の屋根であった。

しかし、史跡整備でつくられた復原住居のすべてが、周堤上に垂木の下端を設置していたことから雨仕舞が悪く、毛細管現象などで屋根は下端から腐っていく。また、円錐形の頂点部分の施工手法などの構造的な問題のほか、日頃のメンテナンスや管理、恒常的な活用法などの欠如から閉鎖している期間が長く、建物全体が蒸れて、劣化がきわめて早く進んでいる。

数棟が不審火で焼失したほか、強風で倒壊するものもあり、きびしい経済状況のなか、独自の復原住居を模索することとなった。

事前の準備として、千葉市内の公園で行われる強剪定などで発生する枝材や伐採材の収集、自然公園などでの葦の刈り取りなどを、公園関係者や博物館ボランティアの協力を得て進めていった。

復原にあたっては、考古学上の研究成果を基本とはするものの、手法の選択にあたって、最も重視したことは自然の摂理や古環境の検討であった。そのため、復原設計は、単に各地の復原住居のコピーではなく、独自に進めることにした。それは集約すると縄文時代の降水量の想定と住居内の湿気対策などで、これに建築用材の選定が加わる。平均気温が現在よりもプラス二度ほどと想定される縄文時代、ゲリラ豪雨などが頻繁に起こり、降水量もはるかに多かったことが推定されている。

一方建築用材では、縄文時代の加曽利貝塚周辺の森林植生が、暖温帯系落葉広葉樹林主体であったことが花粉分析などからわかってきている。また、花粉を大量に発生させる杉や檜はほとんど見られない。これまで密集林や過疎林など条件の異なる落葉広葉樹の樹形等に着目して、数多くの林を観察してきた。その結果、落葉広葉樹では五《メートル》を越える真っすぐな材は得られないことがわかってきた。そのため、安易に杉や檜の丸太材を垂木に使わないことを決めた。

建物構造を検討する上で、唯一の木工具としての磨製石斧の機能や断片的に発見されている木材片、伐採実験などを実施して想定を進めている（図26）。

基本的には落とし組で、柱の上端は枝分かれの叉を利用し、この上に梁や桁等の横木が嵌まる。すべての用材を落葉広葉樹とするため、棟から軒先までの垂木を桁上で繋ぎ合わせる手法を採用した。また、逆向きの材を垂木として、下端の叉を桁に掛ける工法が、部材同士の結束強度を高めることも知ることができた。

図26　磨製石斧での伐採実験

加曽利Ｅ３式期の住居は比較的浅く、中央部の炉周辺の床面を追いかけて発掘されるほど、検出・調査が困難なものが多い。中央部の掘削と周堤の土量がほぼ同じと考えた場合、壁の高さは一メートルを越えることはない。そのため、居住性と横風への耐久性を考慮すると、周堤上に低い側柱と壁をもつ構造が考えられた。周堤上に屋根を浮かせ、軒先は周堤外とすることで、雨仕舞は格段によくなる（図27）。

萱葺きも、棟をもつことで、垂木の合掌部分に手厚く萱が葺け、屋根全体の耐水性が高まる。二〇〇七年に市民の体験講座として一棟を建設した。平入り入母屋造りの構造で、周堤部分に側柱を立て、壁とした。棟の両端には破風・煙だしを設け、萱屋根は本葺きとした。この萱葺きには市内在住で経験豊富な萱屋根職人である林宏昌の全面的な協力を得た。屋根の施工を進めながら、

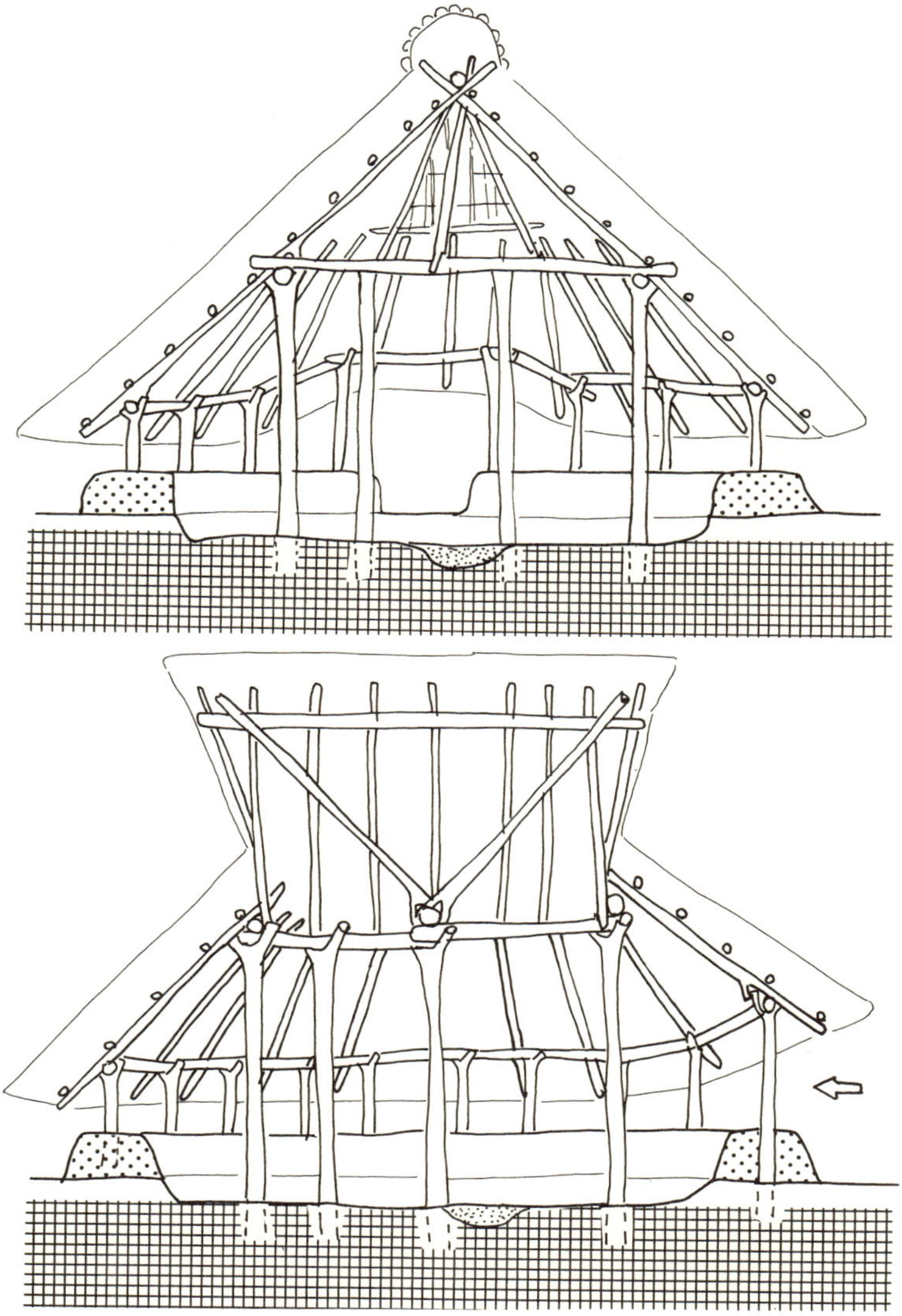

図27　復原住居側・立面設計図

図28　復原住居建設体験（2007年の体験風景）

萱葺きのさまざまな技の手解きを受けるという手厚いもので、萱葺きの基本を習得するよい機会ともなった（図28、図29）。

完成した住居は通気性がよく、冬は炉で暖も取れ、団体見学時に一クラス全員が縄文時代を体感できる施設として好評を得ている。

二〇一二年の冬に二棟目の住居を復原している。基本設計は同じであるが、妻入りで、萱は逆葺きとした。これは、あえて構造や葺き形を変えることで、両者の比較ばかりでなく、復原方法の多様性を示すことを目的とした（図30）。貧弱な道具や部材で得られる構造体を、より強固なものへと発展させた縄文人たちの英知を知る機会ともなっている。

整備された南貝塚のなかで、緑のなかにとけ込んだ復原住居の姿を楽しんでいただきたい。

図29　復原住居建設体験（2007年の体験による復原住居完成）

図30　2012年の復原住居建設

4　実験考古学と体験学習

野外博物館として整備を進める上で、遺跡という広大なフィールドを活用することを視野に入れ、活動の一つの柱として考古学における実験研究（実験考古学）が掲げられた。これは、さまざまな調査研究が蓄積され、出土資料の肉眼的な観察による製作技術の検討にも限界があることが明らかとなるなかで、土器や石器などの観察事項と実際の製作技術とをつなぐ、研究手法が求められていたことにも起因する。また、一九六〇年代には、真に学術的な目的で過去の器物を製作・使用し、痕跡を検討する実験考古学の必要性が盛んに論じられ、注目されるようになっていた。

出土遺物の背景にある製作技術や素材、使用法、遺物同士の有機的な関係などを明らかにする研究手法のなかに、民俗例の活用や実験研究がある。民俗例の活用は、過去との時間差をどのように繋ぐかが課題となる。一方、実験考古学は疑似体験や成果のインパクトが強く、体験者は体験した方法が唯一の手段と誤認する傾向がある。そのため、実験に携わる者は、実験結果の精査と課題の検討、手法の多様性に関する認識を十分にもった上で、長期にわたって継続的に実施していく必要がある。

加曽利貝塚博物館でも、考古学の課題について実験研究を進めるにあたって、いくつかのルールを定めている。

それは、

①実験は発掘調査やこれまでの研究の成果を発展させるもので、裏づけのない実験は行わないこと。

②実験は成果を参加者ばかりでなく一般に公表

し、発展させるものであること。

③実験の実施にあたって、博物館と綿密に連絡をとり、安全確保に努めること。

の三項目で、開館当初は学芸員や研究者、学生を中心に進めていたが、数年で市民参加による実験研究へと発展させてきている。このことが、専門家としての視点ばかりでなく、実験成果の多様な観点からの評価につながってきている。

この実験研究の中心となり、四〇年以上進められてきたものが「縄文土器製作実験」である。土器づくりは現代の自動車産業のように、縄文時代のさまざまな技術の集合体で、人類がはじめて活用した化学変化ともいわれる。しかし、土器づくりを通じて当時の生活や文化、暮らしのすべてを説明できるわけではない。そのため、土器づくりとは別に、さまざまな実験研究を進め、体験学習へと発展させてきている。

ここでは、縄文土器づくりを中心に、他の実験研究の成果や体験学習などの活動について紹介したい。

(一) 本物の土器づくり

実験考古学の手法を模索していた博物館では、開館四年目の一九六九（昭和四十四）年に群馬県桐生市で縄文土器の製作を独自に進めていた新井司郎を招いて「縄文土器製作技術」の研究を委託し、加曽利貝塚土器製作研究所（加土研）を設立して共同研究を進めた。その成果を試す意味から、一九七〇年には県立千葉高校生などを対象とした体験学習「土器づくりの会」を開催している。

研究にあたって、新井と博物館では次の三点のルールを設定した。

①出土品に忠実に製作し、創作は行わないこと

図31　生前の新井司郎と土器製作

②製作した土器で煮炊きできること
③在地の粘土を調整し、当時の手法を想定して製作すること

当時は、各地で陶芸用粘土やテラコッタを使って埴輪や土器が窯で焼かれて土産物として盛んに売られていた。また、古色や風化痕を施した贋作も多く見られた。これらと一線を画することを目的に、試行錯誤のなかで研究を進めるための基本ルールとしたものであるが、その後の活動の骨子ともなっている。

ところが一九七一年、膨大な成果が期待される三年次の研究途上に、突然新井が急逝された（図31）。博物館では新井の意志を継ぎ、研究を継続しながらその成果を生かすため、翌年の一九七二年から体験学習「土器づくりの会」を博物館友の会の主催で開催している。また、一九七三年に新井の研究成果の一部まとめ、「貝塚博物館研究資料第一集『縄文土器の技術』」を刊行した。

一九七四年に「土器づくりの会」に何度も参加するリピーター対策として、体験学習参加者ＯＢで「加曽利貝塚土器づくり同好会」を組織している。この同好会を組織することによって、博物館と協働で、市民が縄文土器製作技術や使用法に関する研究を進めることになった。このことにより、学芸担当職員の異動や退職、博物館組織の改編などに左右されにくい、息の長い実験研究体制が確立した。

土器づくり同好会は土器づくりにかかわるすべての資材を自力で調達している。モデルとなる土器の出土地周辺の粘土を採掘し、乾燥・粉砕を経て混和材を加え、素地土を練り上げる。薪も年間消費量が数トンにのぼり、割った時期別に集積・管理している。毎月数回の共同作業日を設けて、自主的に作業を分担し、ほとんど市販される材料を購入することはない。

一九七六年から体験学習「土器づくりの会」は同好会の協力を得て、博物館の主催事業となり、土器製作技術研究の実験としての側面をもちつつ、その形態や対象者を変えながら三十余年を経て、現在にいたっている。

基本ルールのうち、①は陶芸教室や粘土遊びなど安易な方向へ流れがちな参加者を、縄文土器の詳細な観察と製作技術の推定という魅力ある作業に気付かせる効果にもなった。土器の製作を通して、出土土器が素朴ななかにさまざまな情報を秘め、何気ないカーブと思っていたものが、優美なスタイルであることを認識させることになっている。

②は、出土土器の精密な観察と総合的な検討のなかで決定された。それは、大半の土器が二次的な炎を受けて下部が赤く変質していること、上部

に煤が吸着されていること、内面に焦げ付きなど煮沸痕を有していることなどで、煮炊きに使われたことが判断される。一部に煮沸に使用した痕跡のないものも観られるが、特殊な形状や機能のものを除き、煮炊きが基本機能であることは疑問の余地はない。

③は、出土する土器片の量や質を考えると、縄文人が遠くから良質な粘土を運んだとは思えない。これまで、胎土分析などで、出土する大半の土器が遺跡周辺で採取される粘土でつくられていることが裏づけられてきている。また、一部に遠方から搬入された土器の存在も明らかとなり、人びとの交流などもわかってきている。

実際に千葉県の粘土についてみてみよう。千葉県内では陶芸などに適した良質な粘土は採掘できない。そのため、江戸時代末期に全国の各藩では地場産業を奨励し窯業などが起こされが、千葉県内ではまったく見られない。これは、下総台地の崖を観察すると明らかとなる。成田層とよばれる砂層の上に粘土層があり、この上に関東ローム層で総称される赤土が堆積する。成田層が海成砂層で、関東ローム層が火山灰の堆積層であることから、粘土層は下末吉海進で生じた浅い海や湿地の段階で降下した火山灰が粘土化した海成粘土であることがわかる。生成時期は一三～七万年前と新しく、耐火度などは陶土にくらべてきわめて低い。おそらく国内で最も質の悪い粘土といえる。

この粘土を基に、砂などの混和剤を加えた素地土の調整に苦労してきた（図32、図33）。良質な素地土であれば、多少のミスはカバーされる。しかし、製作する者は成功を自身のテクニックによるものとも考えがちで、本質を見失うことにもなりかねない。その点、千葉県内の粘土を素材としてつくるなかでミスは許されない。これまで改良

図32　縄文土器の土づくり１（砂と粘土をよく混ぜて水を加える）

図33　縄文土器の土づくり２（練り上げ作業）

図34　縄文土器の粘土紐貼り付け

して進めてきた粘土調整の方法や焼成手段などでの成功率が高く、縄文時代の手法に近いものとも考えている。

採取した粘土は一年間乾燥させて、根などの異物を取り除き、粉砕する。これは粘土に含まれる有機質を除去し、混和剤と調合しやすくするために行うもので、当然数年後に使用されることになる。混和剤は製作中の土器の乾燥による急激な収縮・ゆがみを防ぐためのもので、当初はロームなどの土も使われていたが、現在はおもに山砂（成田砂層）が混入される。

縄文土器の製作にあたって、中期では粘土と山砂の配合比率が六・四であるのに対して、後期では七・三の割合で調整している（図34、図35）。

製作は紐づくり積み上げで、初心者は回転台を使い、ベテランは底部に網代などを敷き、出土品と同様に製作している。

図35　縄文土器の施紋

文様付けでは、園内で栽培したカラムシを使った縄文原体、骨ヘラなども使い、出土品や観察記録を基に忠実に製作している。焼き上げまでに約一カ月かけて、縄文土器に徐々に近づいてきている。

二〇一〇年から国立歴史民俗博物館と共同で、縄文時代草創期の土器の製作・使用実験の研究を行っている。復原製作では獣毛や植物繊維を練り込んだ素地土を使い、横浜市花見山遺跡の土器群をモデルとした。シカやイノシシの毛を練り込むため、焼成時に細かい孔が生じるが、煮沸への影響が少ないことが確認されている。具体的な研究課題を得たことで、規格化・定型化しがちな工程や活動を見直すよい機会となった。

土器づくりの体験学習も、成人を対象とした春・秋の二回にほか、夏休み中の小学生対象、十一月の親子対象の講座を開催し、これまでに多くの参加者を得ている。毎年二月には土器づくり同好会の一年間の活動の成果を一同に展示する作品展を開催し、好評を得ている。

(二) 煮沸実験と火起こし

煮炊きの実験は、実質的に縄文時代の食文化の探求に直結している。これまで、シカやイノシシ、貝のスープにはじまり、ドングリのアク抜き実験など、縄文時代の食資源から加工処理法の検討にいたるさまざまな課題に挑戦してきた。

ドングリのアク抜きでは、コナラやマテバシイのタンニン・アロインなどの水溶性のアクを抜く実験をした。これらのアクは、実を割って水さらし後に煮沸し、煮汁の追加・交換をくり返すことで抜ける。煮汁が透明になった時点がアクが抜けたタイミングとなる。この方法では、石皿などを使わなくても、ドングリは煮くずれて粉状になる。つまり、土器のなかでシチュウ状のデンプンができあがり、これに貝や肉を加え、味を調えると調理が完了する。

縄文時代後期に食資源に加わったトチは、アルカリ溶液で抽出されるサポニンを多く含む。植物食に関するこれまでの研究では、木灰を水に溶いたアルカリ溶液でアク抜きを行う民俗事例が紹介されている。また、商業化したトチ餅は、生産効率からか水酸化ナトリウムなどが使われている。

博物館で実施したトチのアク抜きは少し異なる。まずトチを割り、外皮(鬼皮)と実に分ける。外皮に六〇度前後のお湯を加えてもみ上げる。すると、徐々に泡立ち、比較的強いアルカリ溶液が得られる。この溶液に煮沸したトチを浸し、一昼夜水にさらすときれいにアクが抜ける。

コナラ・マテバシイ、トチの両者ともに、煮沸によってグルテン分が失われ、単体では団子状やハンバーグ状にまとめることはできない。

深鉢形土器の煮沸実験と並行して、浅鉢の用途に関する研究も進めている。山形県押出《おんだし》遺跡から出土したクッキー状炭化物（いわゆる縄文クッキー）に着目したものである。クッキーはこれまでの研究で構成する材料の肉の有無で大別される。押出遺跡のものは肉とデンプンで構成されている。縄文時代の食資源に一年を通じて固定的な食材はない。そのため、四季で内容が変化するものととらえている。現段階ではシカ肉とクリ、スダシイなどをすりつぶしたクッキーをつくり、浅鉢で焼き上げている。石皿を使って肉を磨り潰す際、濃い塩水や塩を加えると、肉の細胞膜が破壊され粘りが生じる。これがつなぎとなってクッキーはよくまとまり、焼く段階でも型くずれしない。

火起こしについては、二十年ほど前からモミギリ法などでの実験研究を進めてきたが、各地の遺跡から弓ギリ法に関連する出土事例がつづいたことから、独自に火起こし用具を開発して実験を進めた。二〇〇三年の博物館ボランティア制度の導入を機に、小学校等の団体見学を対象に積極的に体験を進めている。基本的に一人で二～三組の指導が限界で、一クラス三〇人以上を指導するには五人以上の指導者を要する。用具の改良やメンテナンスをつづけるなかで、現在では年間一万人以上が火起こしを体験している（図36）。また、見学者の滞在時間も倍増してきている。

最近学校から「縄文体験を総合的な学習に取り入れたい」との問い合わせが多い。実施に当たっての調整のなかで、学校には時間に制限があり、一日で体験できる内容と、体験内容を壁新聞にして発表するカリキュラムを開発することになった。

図36　弓ギリ式火起こし

体験内容は、まず火起こしを行い、その火で焚き火を起こし、土器を暖める。次に黒曜石のフレイクやナイフで肉を切り、加熱した土器に入れる。土器に徐々に水を加えてスープをつくり、全員で味わって体験の全体が完了する。この間、壁新聞をつくることを最終目的とすることで、経験が一過性のものにならないよう配慮している。

一度に実施できる単位は一クラスではあるが、自身が起こした火で調理されることや、石器の切れ味など参加意識も高く、壁新聞の完成後に行われるプレゼンテーションで、発表する子どもたちの生き生きとした眼が印象に残る。

(三)　土器製塩実験

縄文時代後期後半から晩期にかけて営まれた製塩遺跡が各地で見つかっている。この時期は貝塚文化の終末期にあたることから、土器製塩技術の確立が貝塚文化の存在に影響を及ぼしたとする説もある。そのため、土器製塩の実態を知ることを目的に、十数年間実験を継続している。

海水は三%の塩分濃度をもつため、製塩は海水を約三〇倍に濃縮することになる。基本的に採鹹《さいかん》と煎熬《せんごう》の二段階で行われる。

採鹹は、海水を一六%前後まで濃縮することで、藻塩焼きなどのほか、中・近世は揚げ浜式・入り浜式の塩田があり、近代には流下式塩田・イオン交換膜法などで濃縮されている。

煎熬はまさに濃縮した鹹水を煮詰めるもので、製塩自体は塩の専売制がなくなったことから、各地で行われるようになってきている。

縄文時代の製塩遺跡は、大量の細かく割れた土器片が分厚く層となって検出される。この土器は砲弾形で無紋の、三ミリほどの厚さをもつ。そのほか、粘土を敷き詰めた焦土層と灰層が展開している。灰層から特定の海藻に共生する微少貝類が検出されていることから、流れ藻を活用した採鹹が行われたことが推定され、古代の藻塩焼きの原形が縄文時代に確立していたとも考えられている。

博物館では、製塩遺跡の土器片層に着目し、煎熬が土器にあたえるインパクトの検討と、製塩土器の製作技術の復原を中心に実験を進めてきた。

縄文土器復原に使う用土で製塩土器を製作すると、三ミリという厚さのため、成形段階に自重でつぶれてしまう。そのため、成形段階で早く締まる製塩土器専用の用土を調整することになった。さまざまな混和剤が試されたが、木灰を練り込むことが非常に有効であることがわかってきている。また、一部の製塩土器の観察から、貝殻の粉末も混和剤に活用されていることも確認された。

完成した土器で煎熬を行うと、まず土器の内面に炭酸カルシウム（石膏）が析出・付着する。食

図37　土器製塩実験の状況

塩となる塩化ナトリウムは最後に析出するが、炭酸カルシウムは土器の厚みを凌駕するほど付着していく。

火を止めると、土器とその内面に分厚く付着した炭酸カルシウムの収縮差から、土器は見る間に細かく割れ、製塩遺跡の土器片層の意味を理解することになる（図37、図38）。

土器製塩は、土器が割れて大量に消費することで成り立つことが判明した一方、手間をかけずに大量に土器を製作するテクニックを解明するという目標を得ることにもなった。

そのほか、石器製作と使用の実験では、復原製作した石鏃や丸木弓による射撃実験、磨製石斧による伐採実験、石匙によるシカ・イノシシ等の解体実験など、千葉県内の農林水産団体や猟友会、公園関係者の協力を得て進めてきた。また、これらの活動は、動物考古学を学ぶ学生や研究者の参

図38　土器製塩（側面にカルシウム塩が付着し、最後に底にナトリウム塩が溜まる）

加を得て、楽しく学ぶことに主眼を置いて進めてきた。得られた情報や成果は、展示や収蔵資料として活用してきている。

5　保護された希少植物

博物館に配属され、見学者を引率して南北貝塚の説明を行っているとき、南貝塚の東傾斜面で屈み込む人の姿が目に留まった。怪我人かと近付いてみると、盛んにルーペで観察している。在野の植物学者小滝一夫との出会いであった。

一九七八年に南貝塚を中心に周辺地が公有地化され、史跡の追加指定を受けて以降、見学者の安全確保や防火などを目的に定期的な草刈り管理が行われてきた。その結果、東傾斜面を中心に、レッドデータブックに掲載されている希少植物が群落として遺されている。

近年、里山運動など身近な自然の保全が各地で進められるようになった。これは、日本の自然が人の手を加えることによって、多様性が維持されることが広く理解された結果でもある。適切な時期の草刈り管理などによって極相——植物群落が周辺の環境条件に応じて変化し、最終的に到達する段階のこと。極相に達すると、環境が変わらない限り同じ群落が存続しつづける——化することなく、植物群落が更新される。この里山と同じ現象が、加曽利貝塚における三四年間にわたる草刈り管理の副産物として、希少植物の群落をもたらした。

一九六四年の北貝塚の発掘から、加曽利貝塚は暖温帯系落葉広葉樹林を基本に保存されてきた。現在は密集林となり、草本類が減少しているものの、キンランなどが春の樹間を彩っている。樹木の植栽も最小限に止めるなかで、縄文時代の林を彷彿させる意味で、あえて手を加えていない。南貝塚側は後期の貝塚形成期を意識して、落葉広葉樹の過疎林と草原をベースに維持管理してきた。

この小滝との出会い以降、植物関係者と協議して草刈りの時期や範囲などを決めている。今は四季を通じて「加曽利貝塚植物観察グループ」や植物写真愛好家が、草花とともに加曽利貝塚を彩っている。

遺跡を遺し、適切な管理を恒常的に行うことは、日本の植物の多様性を維持する上で一定の役割を担ってきたことが再認識されることにもなった。

縄文人たちの食資源の中心であったと考えられるドングリなどの堅果類やヤマノイモなどの根菜類などの生産性は、森林が極相化すると極端に低くなる。そのためか、沖積地を発掘すると中期前後の層から伐採された枝や幹が折り重なって検出される。縄文人たちは、密集林の真すぐな住居用材を得るばかりでなく、伐採によって林間に日が差し込み、有用植物が繁茂することを体験的に知っていたのではないだろうか。

日本では植物に親しむ市民の割合は、考古学や縄文時代を対象とした人びとをはるかに凌ぐ。遺跡の保護と適切な管理の活動が、在来植物の保全に大きく貢献していることを周知することによって、遺跡のよき理解者を得ることができればと思っている。

Ⅲ　貝塚形成のメカニズムを推理する

南北に長い日本列島は極東の温帯に位置することから、黒潮や親潮に代表される海流の影響を受けて、海況は変化に富んでいる。また、縦横に連なる山脈によって分断され、明確な四季と多様な気候に恵まれている。環境の差によって自然の恵みにも違いが生じるため、縄文時代の食資源や調理法には、地域特性や多様性が想定されている。

全国の貝塚分布を概観すると、特定の地域に集中することに気付かされる。沿岸流によって水深のある外洋に面した地域には少なく、複雑な地形をもつリアス式海岸や内湾部に多く分布する。とくに、霞ケ浦と東京湾を中心とした関東地方に貝塚は集中している。東京湾と同じ規模の内湾でも、陸奥湾や鹿児島湾などでは、鍋底形の海底地形のためか、貝塚は意外と少ない。比較的多く分布している有明海でも、分布域は熊本県側に偏る傾向がある。つまり、貝塚分布にはその形成のための条件が大きくかかわっていると推測される。

貝塚の形成の諸条件は、端的に人為的要件と自然条件の二つに分けられる。

人為的要件とは、縄文人たちがなぜ特定の場所に貝殻を集め積み上げたか、貝殻を積み上げた目的は何かといった事柄で、貝塚の詳細な調査と分析から総合的に研究され、解明される。また、知り得た事実の意味をとらえるという歴史学本来の方向と合致するが、ここでは自然条件に絞って考えてみたい。

自然条件は、物理的な貝塚形成の可能性を検討するもので、次のような条件が考えられる。

(1)当時の漁労方法である程度恒常的に、多量の貝が採取可能であること。

(2)貝塚までの安定的な運搬環境が存在し、維持できていること。

(3)採取した貝類の効率的な処理が可能な環境にあること。

などである。

貝類は日本人にとって身近な食材で、とくに多くの貝塚が分布する地域では、縄文人たちの生活に貝類が必要不可欠な存在であったことは否定できない。

ここで食資源の面として貝類を評価してみると次のようなことが挙げられる。

長所では次の三点。

①多く生息する干潟や磯では、干潮時には安全確実に大量に採取可能である。また、水揚げ後に長く生き、殻付きの状態で運びやすい。

②煮沸などで多量の調理が可能で、濃厚な独特の出汁が得られる。

③水分は多いものの、高タンパク低脂肪で、乾物での保存に適している。

短所では次の三点。

①殻が重く、可食部分の比率が他の食資源にくらべてきわめて少ない。

②死亡後の腐敗スピードが早い。

③季節的に毒性をもつものもみられ、きびしい症状の中毒なども起きやすい。

これらの特性は貝塚を考える上での基本となる。この特性を前提として、さまざまな自然科学分野での成果を総合的に検討することで、貝塚形成にかかわる自然条件が明らかとなってくる。近年、自然科学のさまざまな分野の研究手法を総合的に活用して古環境を解明する「環境考古学」が盛んとなり、遺跡の具体的な姿を想像することが可能となってきている。貝塚を取り巻く古環境の解明は、自然条件を解明するばかりでなく、人為的要件解明の糸口をも与えてくれることが期待される。

加曽利貝塚を含む東京湾東岸の大型環状貝塚の分布は、この地域が貝塚形成に不可欠な自然条件を満たし、その条件が比較的長期間継続していたことを暗示させる。そのため、貝が採取された海洋環境ばかりでなく、おもな交通路であったと推定される開折谷や沖積低地、集落が営まれた台地などの環境や条件を、個別にあるいは複合的に関連づけて検討することが求められてくる。

ここでは、自然科学と考古学の関係、下総台地の形成と特徴、縄文海進と東京湾の海洋環境の変化、開折谷や沖積平野の形成などについて論じながら、貝塚形成の物理的な条件について私論を述べたい。

1 自然科学と考古学の連携

一九二三年の関東大震災で、東京や横浜の下町一帯が壊滅的な被害を受けた。そのため、東京都復興局は地震対策の検討を目的に、画期的な基本調査を企画し実施した。それは、被害の大きかった軟弱地盤地域の構造を解明するためのボーリング調査で、掘削深度三〇～六〇《メートル》に及び、調査本数は八〇〇を超えるものであった。成果は一九二

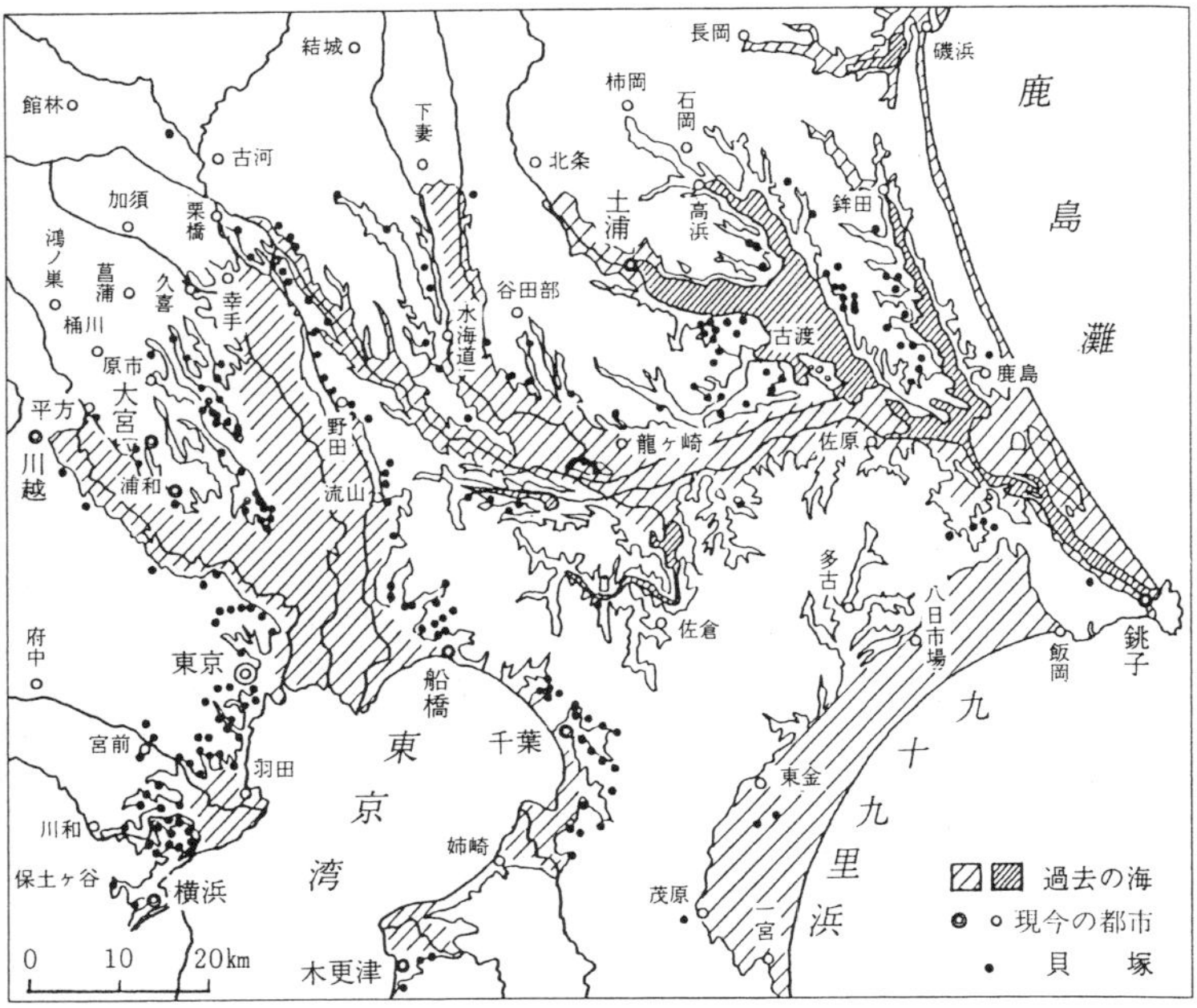

図39　地形と貝塚分布より見たる関東低地の旧海岸線（東木 1926）

四～二七年にかけて「東京及横浜地質調査報告」として三回にわたって多色刷りで出版された。この報告によって、下町の地下に起伏に富んだ旧地形が埋没していることが明らかとなった。

ほぼ同時期の一九二六年に、地形学者東木竜七の「地形と貝塚分布に見たる関東低地の旧海岸線」が発表されている（図39）。この論文は、モースの大森貝塚発見以来、各地で貝塚の発見・踏査が相次いで行われ、分布状況が明らかとなってきたことから、貝塚を地図に記入し、縄文時代の海岸線の復原を試みたものであった。以来、考古学者も自然地理的な研究との交流を進め、貝塚を形成する背景となった古環境の復原も研究課題に加えていった。

一九四二年、神田神保町の日活館前の地下

工事現場に現れた有楽町層の自然貝層のなかから加曽利E式土器片が採集され、地質学者の大塚弥之助と考古学者の江坂輝弥との会話のなかで「有楽町海進は縄文海進ともいえるのだなあ」とされ、その後、大塚が「縄文海進」を多用し、考古学界でも定着していった。

このように、遺跡や遺物を解析する上で、自然科学的な検討が不可欠であることが早い段階から認識され、さまざまな交流がその後の考古学の発展に大きく寄与してきている。

2　下総台地と開折谷

関東平野は、西から伸びる中央構造線と南北に走るフォッサマグナが地下で交差する範囲を基盤として、約三〇〇〇メートルもの厚さの第三紀以降の堆積物に覆われている。この地下基盤の変動や堆積物の沈下などで、関東平野は中央部を中心に沈降が起こり、周囲の山地が隆起する関東造盆地運動によって形成されている。

千葉県の北半を占める下総台地から霞ヶ浦を中心とした茨城県南部は沈降が顕著な地域で、今から一三〜一一万年前の下末吉海進期に水没し、鹿島方向に開口する古東京湾を形成していた。その際の浅い海底面に現在の成田層（砂層）が堆積し、海退以降の基盤となっていく。

その後、早い段階で離水して低地となった範囲に下末吉ロームが堆積し、現在の下総上位面が形成される。後から離水した部分が下総下位面となる。そのため、下総上位面では成田層の上に火山灰から海成した粘土層、下末吉ローム、武蔵野ローム、立川ロームの順に堆積している。下総下位面では成田層の上に海浜であったことを示す市川砂層が堆積し、この上に鍵層となる約九万年前の御岳第1軽石層（Pm-1）が堆積している。下総下位面の離水段階で大きな開析谷が形成されたと考えられ、印旛沼水系などにもこの下位面が観察される。

　下総台地はほぼ平坦にみえる。しかし、関東造盆地運動を証明するかのように、海抜は野田市周辺で二〇《メートル》前後、東部の銚子市周辺で約五〇《メートル》、南東部へ向かって高度を増し、千葉市東端では約一〇〇《メートル》を測る。

　この下総台地は、約二万年前に始まる地球温暖化によって発生した水の活性化、つまり降水量の増大によって浸食され、樹枝状の開析谷が縦横に入り込んでいく。これら開析谷は成田砂層を基盤としたV字やU字形の断面をもつ。台地は舌状の地形となり、基部で他の台地と連なる。

　このように下総台地は、岩盤などがなく、一二万年前の新しい砂層を基盤にしているため、河川の蛇行や流路の変化、分水界の変更などの地形変化がきわめて早く進行し、教科書を読むように観察できる。そのため、加曽利貝塚の形成期以降にも地形が変化していた。

　加曽利貝塚の立地する台地も、東京湾に注ぐ都川の中流域で本流から分かれ、南北に流れる坂月川とその開析谷である古山支谷を東に臨む。この坂月川も加曽利貝塚から北に一《キロ》ほど上流で終わり、その先は印旛沼水系との分水界となる。

　加曽利貝塚は前述の下総上位面である台地上に位置し、東に古山支谷に向かって緩斜面をもつ。これは千葉県内では、南東から東の風によって湿った大気が運ばれ、東方向からの降雨が多いことに起因している。

　これまでの限界確認調査や地下レーダー調査で、遺跡は貝層範囲にとどまらず、現在の史跡公園範囲を超えて展開することも明らかとなってい

図40　下総台地の分水界と東京湾の溺れ谷（図中の黒マルは環状馬蹄形貝塚の分布を示す）

る。集落を維持する上で最も重要な水は、東傾斜面の南東にある小開折谷には湧水があったとされ、北貝塚の北東にも緩やかな谷があり、湧水の存在が想定される。また、開折谷の水田にも自噴井戸がみられ、豊かな水環境にあったことが集落設置の要件であったことは否定できない。

加曽利貝塚のある千葉市は、関東造盆地運動の南西端にあたり、東京湾に注ぐ中・小河川の水域と、印旛沼に注ぐ河川の水系が入り組み、北西から南東に方向に両者の分水界が横断する（図40）。じつはこの分水界が、大型環状貝塚の形成に大きく影響を及ぼすことがわかってきた。

3　縄文海進と東京湾

（一）縄文海進の実際

縄文時代の海洋環境を考える上で、ウィルム氷期以降の地球温暖化と海水面の上昇（いわゆる「縄文海進」）が重要な位置を占める。一般に最終氷期の最寒冷期とされる一万七千〜一万八千年前には、年平均気温は約七℃も低く、南北両極周辺の氷床量は現在の約三倍を超えると推定されている。海水面は現在よりも一〇〇《メートル》以上も低下し、東京湾は深い峡谷であったと考えられている。

この最寒冷期以降の地球温暖化と氷床の融解にともなって、海水面は年間一〜二《センチ》ほどのスピードで上昇し、約七千年前の縄文時代早期末から前期前半には最高潮期をむかえる。その際、峡谷であった場所は、海底の溺れ谷となる。

近年、ハザードマップの作成など、防災的見地から沖積地の地下が注目され、東京湾の環境問題と相まって、東京湾岸の埋立地や海底のボーリング調査やエコー調査などが実施されている。また、鉄道や道路、橋梁・ビル建設などにともなう

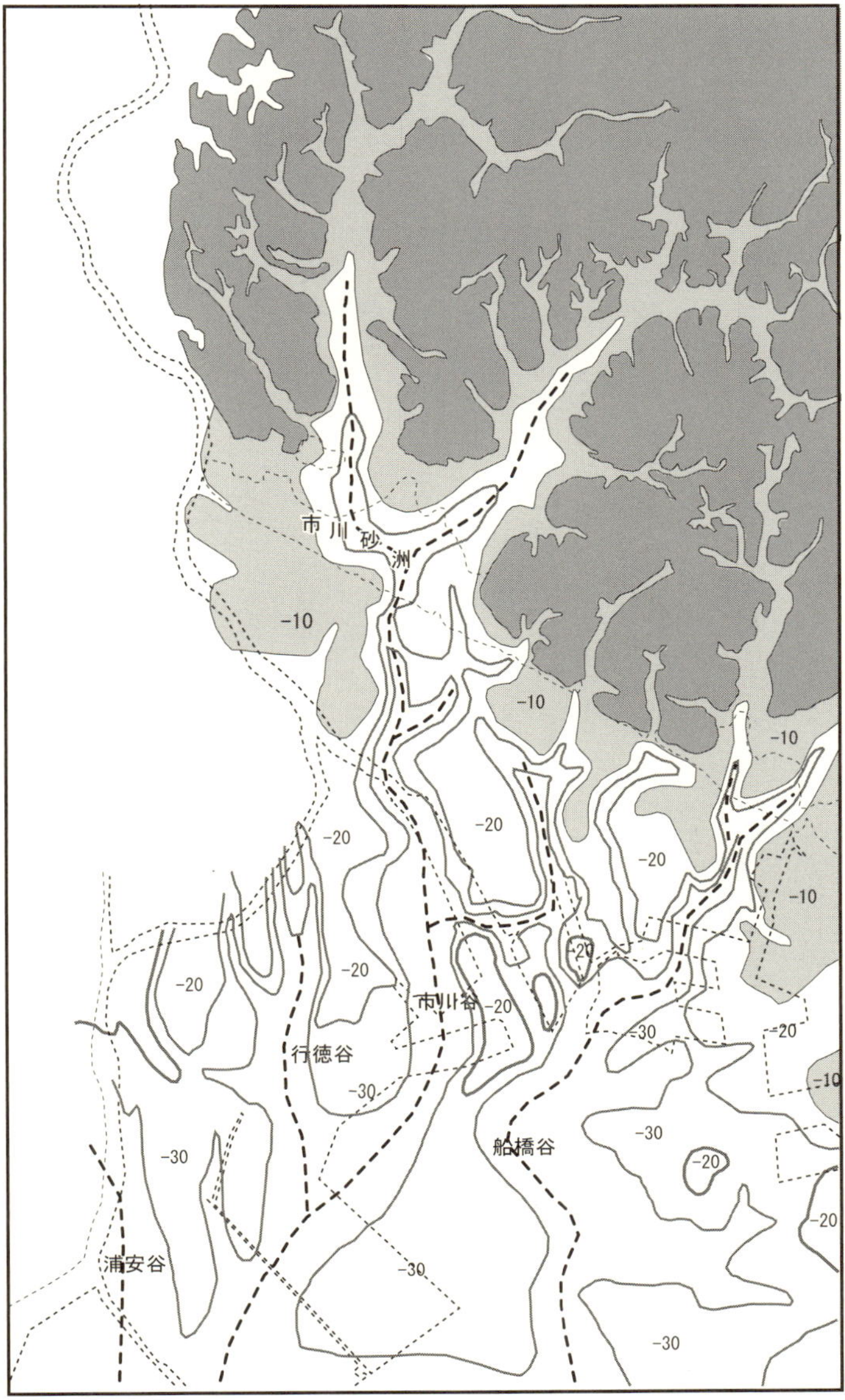

図41　ボーリング調査やエコー調査で明らかになる溺れ谷（古真間川谷）

ボーリング調査のデータなどが集約され、インターネットなどで情報公開されてきている。さまざまな研究機関でこれらのデータが総合的に検証され、海底地形が明らかになってきている。

　東京湾内の溺れ谷は西から時計まわりに、古帷子川谷・古多摩川谷・古神田川谷・古東京谷・古真間川谷（図41）・古花見川谷・古村田川谷・古養老川谷・古小櫃川谷・古小糸川谷と、現在の河川の延長線上に展開する。古東京谷を本谷として、他の谷が樹枝状に展開する。つまり、最寒冷期の深い峡谷の地形が東京湾の海底の基盤となる。本谷となる深い古東京谷は湾の西側に位置するため、現在の潮流に大きな影響を及ぼしている（図40を参照）。

　この最高潮期の海水面は、現在の水準からプラス一〇《メートル》近いと考えられてきたが、近年の研究からプラス二〜三《メートル》ほどであったことが明らかとなってきている。

　この温暖化の原因は、太陽と地球の位置関係に起因し、北半球高緯度地域にもたらされる夏期の日照量がしだいに増大したためと推定されている。

　この海水面の上昇は、北米や北欧では痕跡が観察できない。これは、極地に近い大地では数千《メートル》に及ぶ分厚く堆積した氷床の荷重を受けていたが、負荷の減少によって全体が隆起したためと考えられている。同様に、東シナ海ではこれまで大陸棚状の平地であった部分に海が進出することによって、海水の荷重が加わり沈降している。そのため、西九州では長崎県の鷹島海底遺跡などの水中遺跡が多く、長崎周辺の海岸もこの沈降によって複雑なリアス式海岸となった。

　東京湾においても、海水面の上昇は大地に大きな変動をもたらしている。

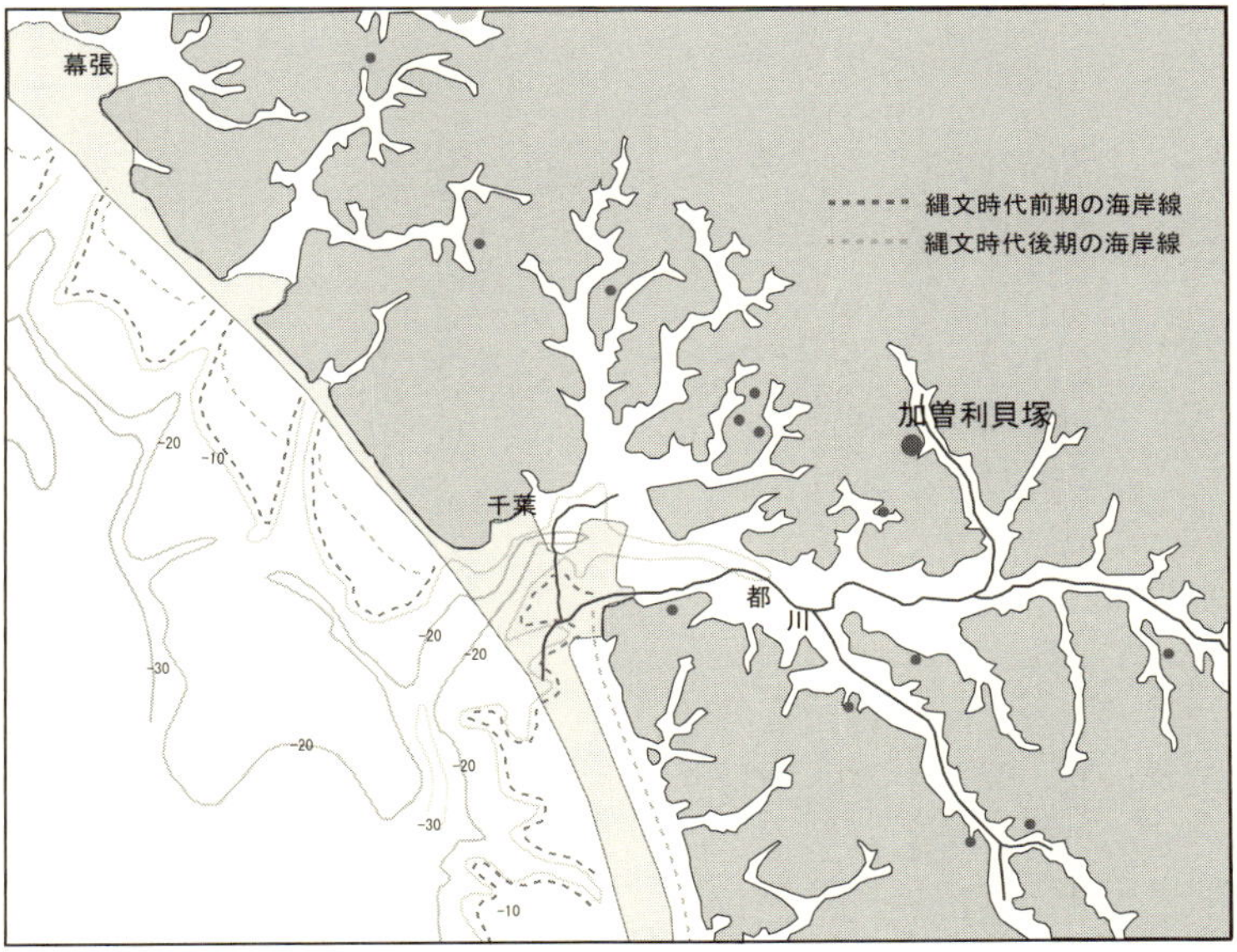

図42　千葉市付近の地形分類と海蝕崖の食い違い（貝塚ほか 1979に加筆）

（二）海蝕台と海蝕崖

東京から国道一四号線をドライブしてくると、市川から木更津まで北側に崖が観察できる。昔は一四号線の南側は海岸線で、この着物の袖のような崖の地形を「袖師が浦（袖ケ浦）」とよんでいた。崖は舌状台地を切断したかのような形状をしている。これは東京湾岸の水の流れによって浸食された海蝕崖で、崖の延長線上の海面下に海蝕台が展開している。

海蝕台は溺れ谷に挟まれるように東京湾に舌状に突出している。これは、縄文海進期以前の丘陵や台地の尾根筋が、浸食されて海蝕台となったことを物語っている。一般に海流や潮流などで生じる浸食は海面周辺で起こり、海底部分での浸食は少ない。これは、海面で生じる波などの物理的負荷が、水の流れによる負荷をはるかに上回るためと考えられている。そのため台地の基盤部分が浸食されることなく、海中の海蝕台となった。ちなみに、現在の海岸線にある埋立地は、工法の制約からか海蝕台のマイナス一〇《メートル》前後までの範囲にとどまっている。

地図上で東京湾に臨む台地の縁（海蝕崖）を線で繋ぐと、沖積低地を境としていくつかの食い違う箇所が観察され、埋め立て以前の海岸線からの距離にも差がみられる。とくに、都川の北岸に臨む崖と南岸の崖で食い違いが顕著で、侵食時期の差が歴然とわかる（図42）。一方海蝕崖自体も、緩やかなものや急峻なものなど、状況は同じではない。一般に急峻な崖は形成時期が新しく、緩やかな崖は形成の後に永くの風雨などを受けて風化したものと考えられる。また、海岸線から距離が離れるほど古い時期の海蝕である可能性が高い。

市川市東部から千葉市の登戸町にかけての崖が埋め立て前の海岸線に最も近く、とくに稲毛から登戸にかけて急峻な地形となっている。つまり、縄文海進以後の比較的新しい段階でこの地域が海蝕されたことになる。

海蝕崖の形状や分布、海蝕台の展開などから、次のような仮説で縄文時代前期から中期以降の東京湾の姿を考えている。

まず、市川から千葉にかけて突出した台地によって、古養老川・古村田川両谷を中心とした湾と、奥東京湾の二カ所に内湾が分かれ、Y字形の形状であった。この内湾では個別の異なった海水の流れが起きる。

最大の海蝕作用を起こす大潮満潮時の潮流は、おもな上げ潮が古東京谷を通って奥深い奥東京湾に流入する。奥東京湾は大宮台地と下総台地に挟まれ、遠浅の海岸線をもつため、上げ潮の運動エネルギーは東西に逃げずに急激に減少する。

一方、古養老川・古村田川の両谷側では、潮流

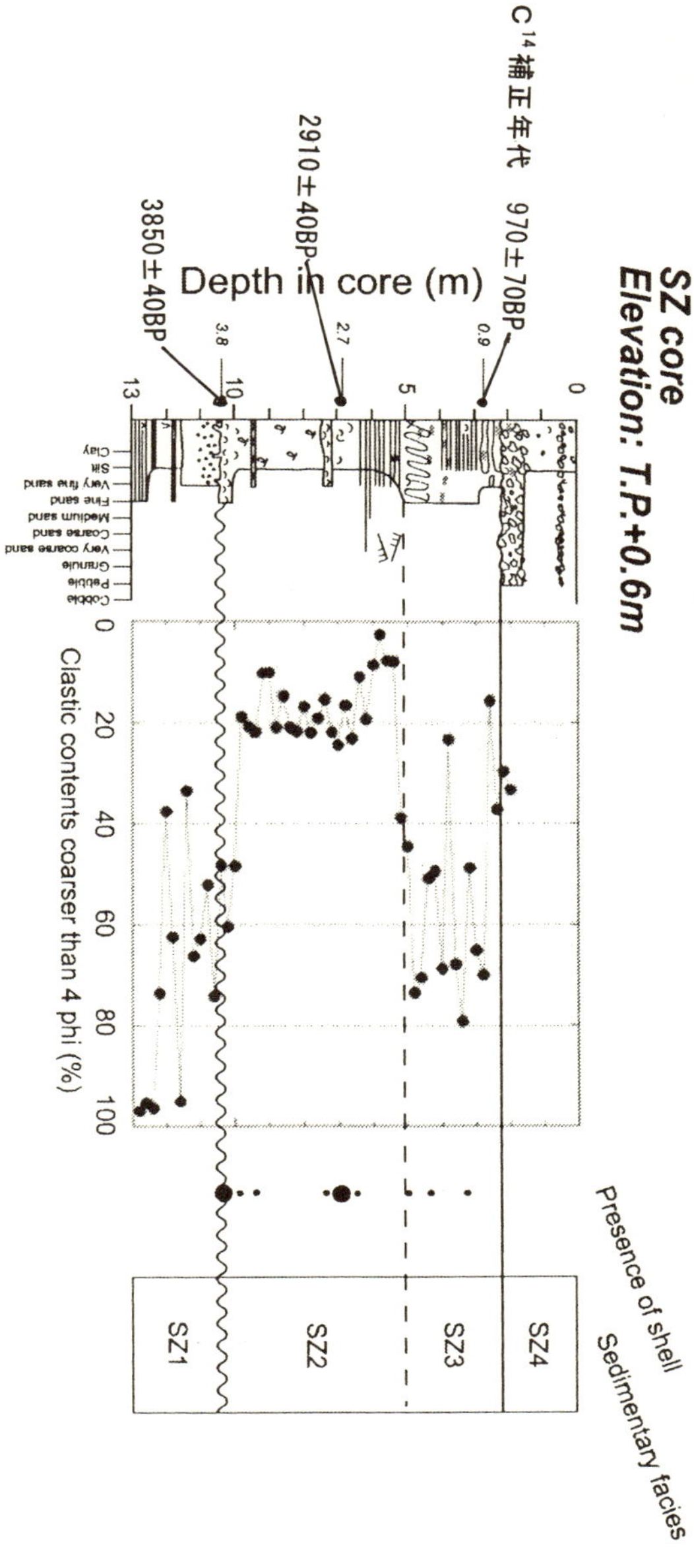

図43　江戸川区篠崎公園のボーリング柱状図（田辺ほか 2008）

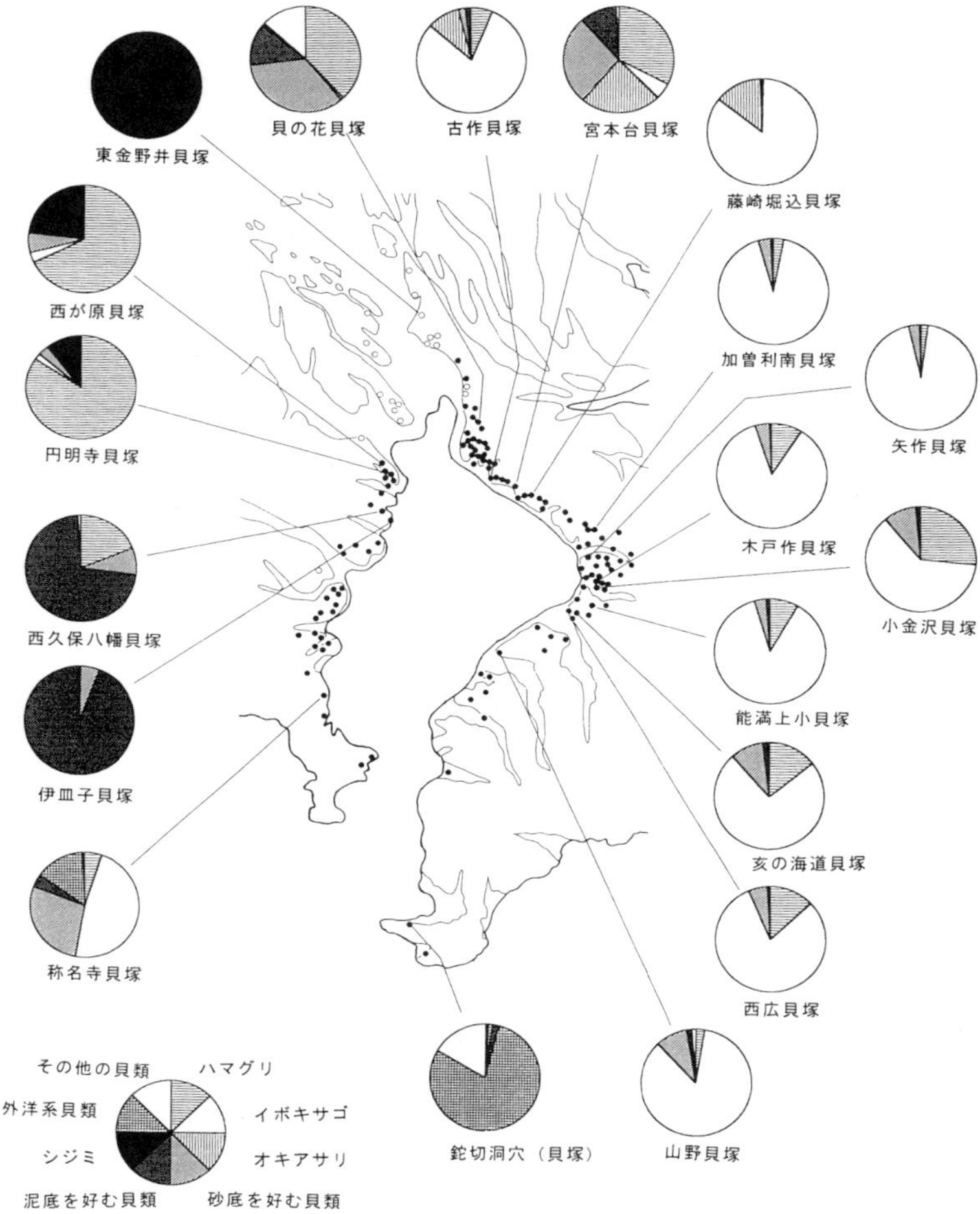

図44　縄文後期の東京湾岸貝塚の貝類組成（樋泉 1999に加筆）

は浅く丸い内湾を時計まわりで廻り、古い時期の海蝕崖を形成する。

縄文時代中期以降になると、太白川や荒川の沖積作用によって奥東京湾の海岸線が後退し、その面積が大きく減少する。潮流は湾奥部で東に向きを変え、市川から千葉にかけての海蝕作用が開始される。この状況が縄文後期までつづき、現在の海洋環境へと導かれていくという想定となる。

この地域の海蝕された時期については、海蝕台と考えられる江戸川区篠崎公園のボーリング調査の成果から、海蝕台上端は今から三八五〇年以前という形成年代が得られ、その上に堆積する堆積層も二九一〇年前となるため、この地点ではおおむね中期から後期にかけて海蝕が起きたことを裏づけている（図43）。

この仮説に符合するかのように、後期の東京湾東岸の貝塚における構成貝類に特徴的な点が見出せる。それはオキアサリの存在である。

オキアサリは潮通しのよい潮間帯下部の砂底に生息する貝で、船橋市から千葉市にいたる後期の貝塚から特徴的に検出される。とくに宮本台貝塚では二三・四％、藤崎堀込貝塚では一四・一％を占める（図44）。近年、再調査した千葉市の園生貝塚でも、オキアサリの純貝層が数多くみられ、特異な存在となっている。

オキアサリが多く生息していたことは、強い海蝕作用によって潮通しのよい状態に砂が供給されていたことを意味している。

（三）東京湾の特徴と東岸の恵み

現在の東京湾の特徴は、浦賀水道で太平洋と接続する穏やかな内湾で、世界有数の貿易港であるとともに、寿司に「江戸前」の名が残るほどの最優良の漁場でもあったことが上げられる。湾奥部

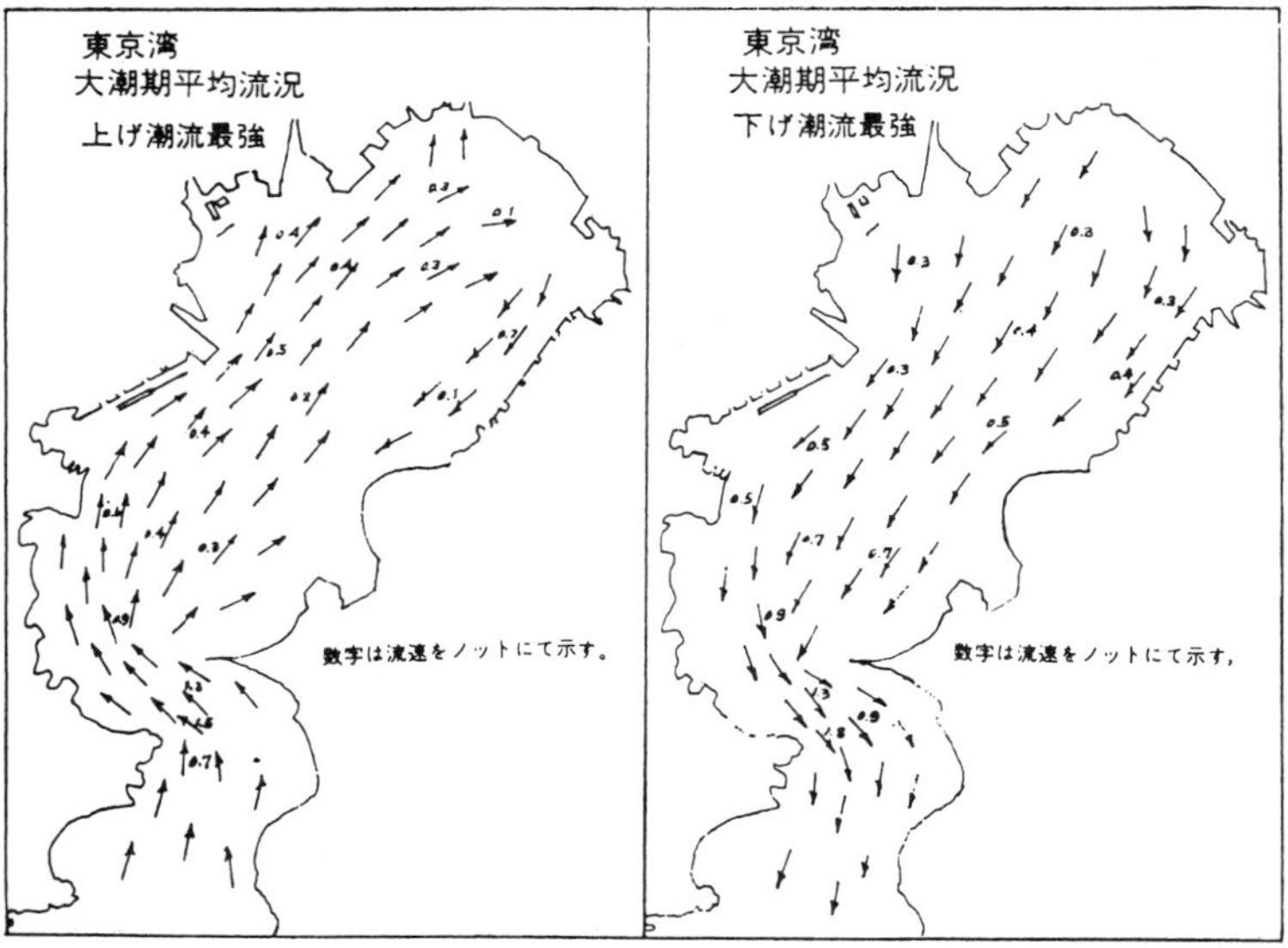

図45　東京湾の大潮時の潮流（山田 1971）

に西から多摩川・荒川・江戸川の三大河川が流入する。このうち、江戸川は、江戸時代初期の利根川開削・河川変更以前には、「太白川」といって利根川の流路であった。そのため、関宿以北の利根川流域を含めて、東京湾に流入する河川の流域面積を合算すると、関東地方の約五〇％以上の地域に相当する。つまり、関東地方に降る雨の過半量が東京湾奥に流れ込み、土砂といっしょに大量の植物性プランクトンなどの栄養分が供給されていたことになる。

一方、東京湾は内湾であるため、直接海流の影響を受けないものの、干満差によって潮流が発生する。この潮流は、満潮時には浦賀水道から古東京谷を流芯として湾奥部に流入し、恒常的に時計まわりに流れる。干潮時には全体に南西方向に流出する。この現象によって、富津岬は西に三角形の地形で突出している（図45）。

つまり、東京湾奥部に流入する土砂の大半が、満潮時に千葉県沖に運ばれるという現象が起こる。一方、満潮時の潮流で横浜周辺の海は砂を巻き上げられ湾奥に運ばれ、沿岸でも水深のある海況となっている。この現象で横浜周辺は、ペリーの黒船来航以来国際貿易港として発展してきた。

このような現象によって、千葉県側は潮流によって運ばれてきた砂や泥が堆積し、広大な干潟が広がることになる。これは縄文時代も同様で、恒常的に流入する土砂に含まれる栄養源によって、貝が増えるのではなく、千葉の地元漁師の言う「貝が沸くほど」の豊かな海が東岸に広がっていた。

この豊かな干潟を背景とした貝の採取と運搬路の解明に、大型環状貝塚の分布の謎を解くヒントが隠されている。

4　残された運搬路

水田の稲を眺めながら通勤する車中で、縄文時代が沖積世であったことを考える。谷津田を構成する堆積物の大半が縄文時代以降のもので、それ以前は深い谷であったことを忘れがちになる。

貝は殻の重量が約八割を占め、陸路での運搬は想定しにくい。貝塚で観察される一枚の貝層を構成する貝の総重量から考えると、丸木舟などにのせて、引きながら運ぶ方法が効率的となる。水深が浅くても航行可能で、数キロの流路で一〇《メートル》程度の高低差であれば流速もあまりなく、逆らう負荷も少ない。

そのため、貝塚形成に不可欠な運搬路の確保や維持を考えると、これら谷の埋没と沖積面の形成が大きくかかわっていたに違いない。

沖積平野は開折谷への土砂等の堆積によって成立する。一般に沖積層の堆積物は、降雨によって台地や斜面の浸食で流出した土砂や植物遺体などで構成される。土砂等の堆積は、河川の流量に左右され、谷の合流部や平坦地、とくに河口周辺など流速が減少する区域から堆積が進んでいく。一方、海岸区域では、潮流などの影響で成立する自然堤防（砂州・砂堤）によって河口部にラグーン（内湾）が形成され、これらの場所では堆積は速まる。

　ところが、千葉市周辺の沖積地では状況が一変する。市川から千葉にかけて広がる分水界によって、東京湾に流入する中・小河川の流域面積および流路延長はきわめて少ない。

　千葉県内の二級河川のうち、養老川や小櫃川などと都川を比較すると、流路で五分の一、流域面積で四分の一以下となる。また、水源から河口までの高低差も少なく、流量も極端に少ないことから、流出土砂の量もあまり多くないことが予測される。これに海蝕作用が加わる。つまり、海蝕崖と同時に、少ない土砂が堆積した河口部も削り取られることで、この地域の沖積層の堆積が、この地域の貝塚形成期には進まなかったことが考えられる。

　千葉市内の沖積平野のボーリング調査を見てみよう。

　加曽利貝塚の東に臨む古山支谷は標高一三メートルであるが、地下四メートルが基盤となる砂層で、基盤はＶ字形の断面をもつ。基盤の上五〇センチほどに縄文時代早期の土層があるものの、その上部は中期から後期に堆積したことが明らかとなった。一方、東京湾に近い千葉市幕張町でのボーリング調査でも、基盤の直上の層が中期で、河口に形成される自然堤防（砂州）の後背湿地は中期以降に埋没し

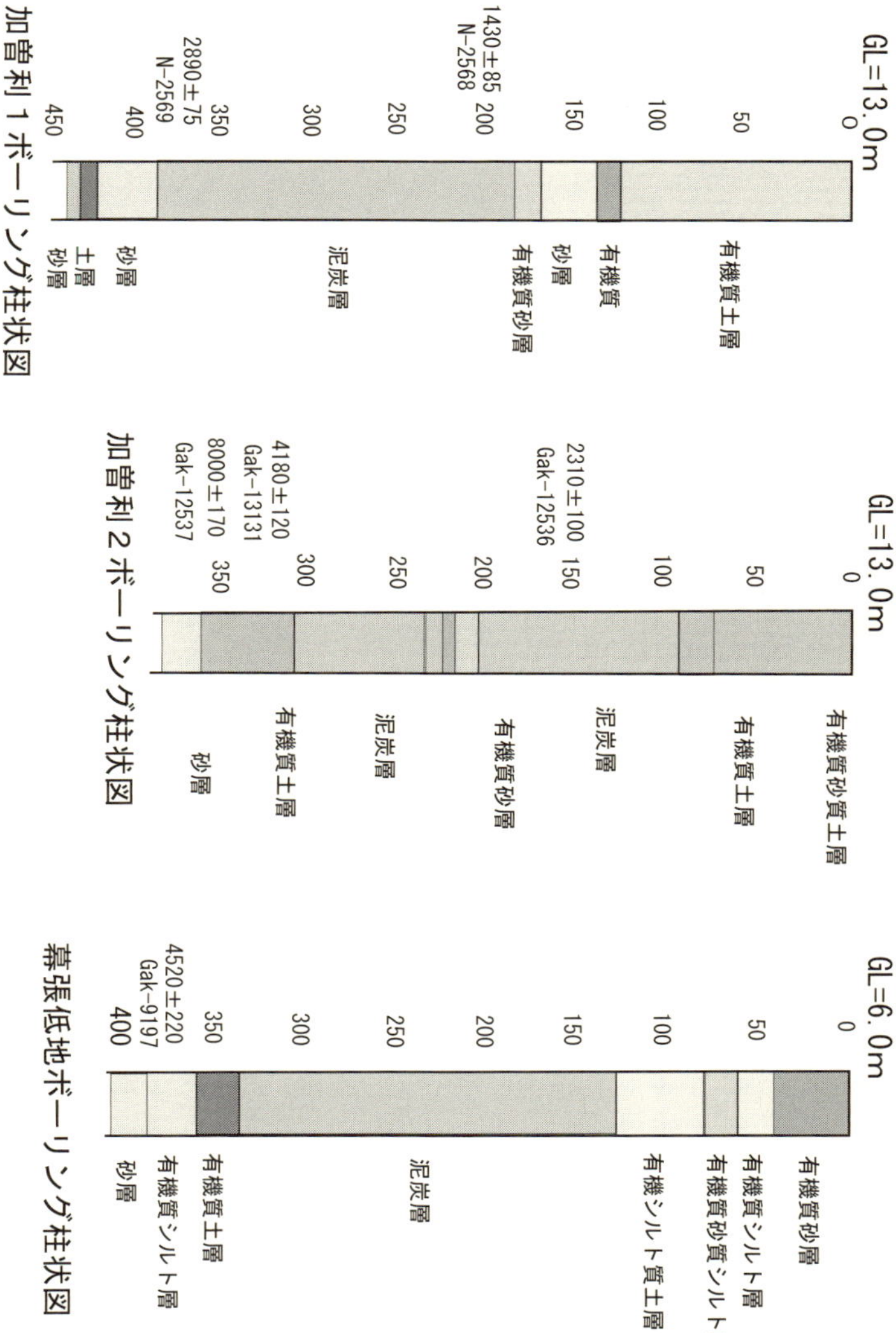

図46　加曽利Ⅰ・Ⅱ、幕張低地のボーリング柱状図（田原 1977・1982・1986を合成）

ていったことを示している（図46）。
要約すると次のとおりとなる。
①市川から千葉にかけて縄文時代中期以降に海蝕が進み、崖が形成されるとともに、中・小河川の河口付近の沖積地も削り取られていた。
②市川から千葉にかけて直線状にのびる分水界によって、東京湾に流入する河川の流域面積・流路延長が少なく、水源から河口までの標高差も小さいため、流出土砂量も少ない。
これらの状況が複合して、市川から千葉にかけての河川と沖積低地は、埋没時期が他の地域にくらべて遅くなる。つまり、市川から千葉にかけての地域は、貝の主要な運搬路と考える開折谷や流路が縄文時代中期から後期まで確保できる状況にあったと考えるわけである。

加曽利貝塚博物館では今後の重要な研究の柱として、都川下流域の旧地形復原を目的に、高速道路や線路、小中学校、ビル、河川改修や橋梁などの建設にともなうボーリング柱状図やボーリングコアを積極的に収集してきた。これらの資料に加えて独自に地質調査を進め、総合的に検証することによって、貝塚形成の具体的な姿が明らかになることが期待される。

Ⅳ　出土資料の分析

加曽利貝塚博物館は、開館直後から千葉市の文化財保護を担当し、市内の遺跡調査も行うことになった。一方、加曽利貝塚の限界確認調査なども並行して進めていたことから、博物館本来の業務や本格的な資料整理に取り組めない状況がつづいていた。一方、これまでの調査報告書の刊行が内外から強く求められてもいた。

そのため、限られた整理期間のなかで、ピックアップした特定の遺物を対象に調査の概要をまとめて、四冊の報告書を刊行している。しかし、大半の出土遺物は、まったくの未整理の死蔵状態でプレハブの収蔵庫に保管されていた。前後して、巨大な加曽利貝塚の形成の意味をわかりやすく伝えるため、当時の担当者が考え出した「干貝工場」説にもとづく展示が進められた。

一九八二年、学芸係長に着任した薬師寺崇が紙袋に納められ収蔵庫に積み上げられた死蔵状態の遺物に着目し、基礎整理を行う非常勤職員の配備や資材などの整理体制を整備した。朽ちかけた荷札の解読にはじまり、水洗と再収納などの作業を進めるなかで、報告内容の再確認と訂正も行っている。

筆者自身が学芸員に着任した時点で、出土資料は整然と調査年度ごとにまとめて収納されていたが、紙媒体での記録は調査時のピックアップ台帳と展示資料カードのみの状況であった。

加曽利貝塚における調査の状況を総合的に検討するなかで、調査区の出土グリットやトレンチごとの台帳を作成することが最良と考え、南貝塚を中心に出土グリット別の遺物台帳を作成した。その後、順次注記などの作業を進め、一部整理内容を公表している。

これまで博物館では、細々とした予算ではあるが、加曽利貝塚にかかわるさまざまな課題を解明することを目的に、年度ごとに多様な視点からの資料分析を調査研究事業として委託してきた。出土資料に関する研究の成果は、できるかぎり公表するように努め、貝塚博物館研究資料集や博物館紀要などを刊行・掲載してきた。おもな委託研究は、貝塚から出土する動物遺体・石器や石類・人骨・貝層などの詳細な分析で、複数年度にわたるものが多い。このなかには、博物館の常設展示を充実させることに主眼を置いたものや、貝塚の形成にかかわる課題解明を目的としたもの、過去の報告書では掲載できなかった内容など多岐にわたる。

ここでは、これまでの調査研究事業の概要や成果などを解説したい。

1　動物遺存体の分析

貝塚は分厚く堆積した貝層に保護されて、貝や骨、角などの自然遺物やこれを材料とした利器が良好な状態で出土する。しかし、良好とはいっても散乱して割れたものが多い。そのため、獣・魚骨など動物遺体の種や部位の同定には、高度な知識と経験が必要となる。博物館では、これまで南北両貝塚出土の動物遺体について、金子浩昌に分析を依頼してきた。

基本的な調査内容は、貝類・魚類・鳥類・獣類などの動物相に関する検討で、調査区ごとに調査と分析を進め、成果を発掘調査報告書に掲載してきているが、資料総量が膨大なため、総合的な検討にはいたっていない。一方、博物館の常設展示が「東京湾東岸における縄文時代の貝塚文化」を基本テーマとしていることから、内容の充実が内外から求められていた。

これらのことから、加曽利貝塚に限定せず、関東地方の縄文貝塚から出土する動物相を明らかにして比較することを目的に、調査研究を委託している。

この研究の成果は、貝塚博物館研究資料第三集「貝塚出土の動物遺体―関東地方・縄文時代貝塚の動物相とその考古学的研究―」にまとめられるとともに、現在博物館の魚や獣、貝類などの常設展示に活かされている。

2　石材の研究

(一)　加曽利貝塚の石材利用

加曽利貝塚の立地する下総台地の成立起源から、関東ローム層の下には厚い成田砂層が堆積し、崖や沢筋で礫などの石を採取することがほとんどできない。つまり、出土する石類のほとんどすべてが他の地域からの搬入品となる。そのため当初から博物館では、石材の搬入に関する検討を行うため、膨大な出土遺物のなかから石だけを抽出している。これは、石器にかぎらず、自然石や細片も例外ではない。

ところが、一般に岩石同定では、薄片を切り取ってプレパラートをつくり、偏光顕微鏡での観察が最も有効であるが、この方法は遺物を破壊することになる。また、現在では非破壊検査のさまざまな技術が開発されているが、遺跡から出土する石器の多くに表面の造岩鉱物の変質や変形が進み、非破壊検査といえども、岩石の良好な部分で同定することが求められる。

一方、縄文時代の岩石採取には、岩盤や鉱床などの露頭のほか、河川の転石、礫層から河川に流出した二次的な転石など、多様な状況が考えられ、これを前提とした研究が求められた。

これらを踏まえて、開館三年目の一九六八年から一九八三年の十五年にわたって、新井重三に千葉市内の縄文集落から出土した鉱物資料の石質とその原産地の分析的研究を依頼した。

新井は、加曽利貝塚から出土した石器一四八八点を中心に、石質の分析・同定と石材産地について検討した。そのなかで新井は、できうるかぎり石器を破壊しないことを前提として、岩石鑑定が不可能な七一点について顕微鏡観察を行っている。出土した石器の岩石鑑定が進むと、驚くべきことに、関東地方に分布するほとんどすべての岩石を検出する結果となった。火成岩類二九種、堆積岩類二八種、変成岩類一七種、鉱物類八種で、この資料全体を調査区ごとに素材となった岩種別・石器の種類別で一覧表をつくり、同一岩種による石器製作の傾向や、時代的な変化をとらえることを試みている（表1）。

この石器に採用された岩種の分析と並行して、関東地方の地質と石器用石材の分布についても、河川水系を概観した上で検討している。関東山地・足尾山地・帝釈山脈・八溝山脈・阿武隈山地・丹沢山塊・三浦半島・三国山脈のほかに、那須火山・高原火山・日光火山・赤城火山・榛名火

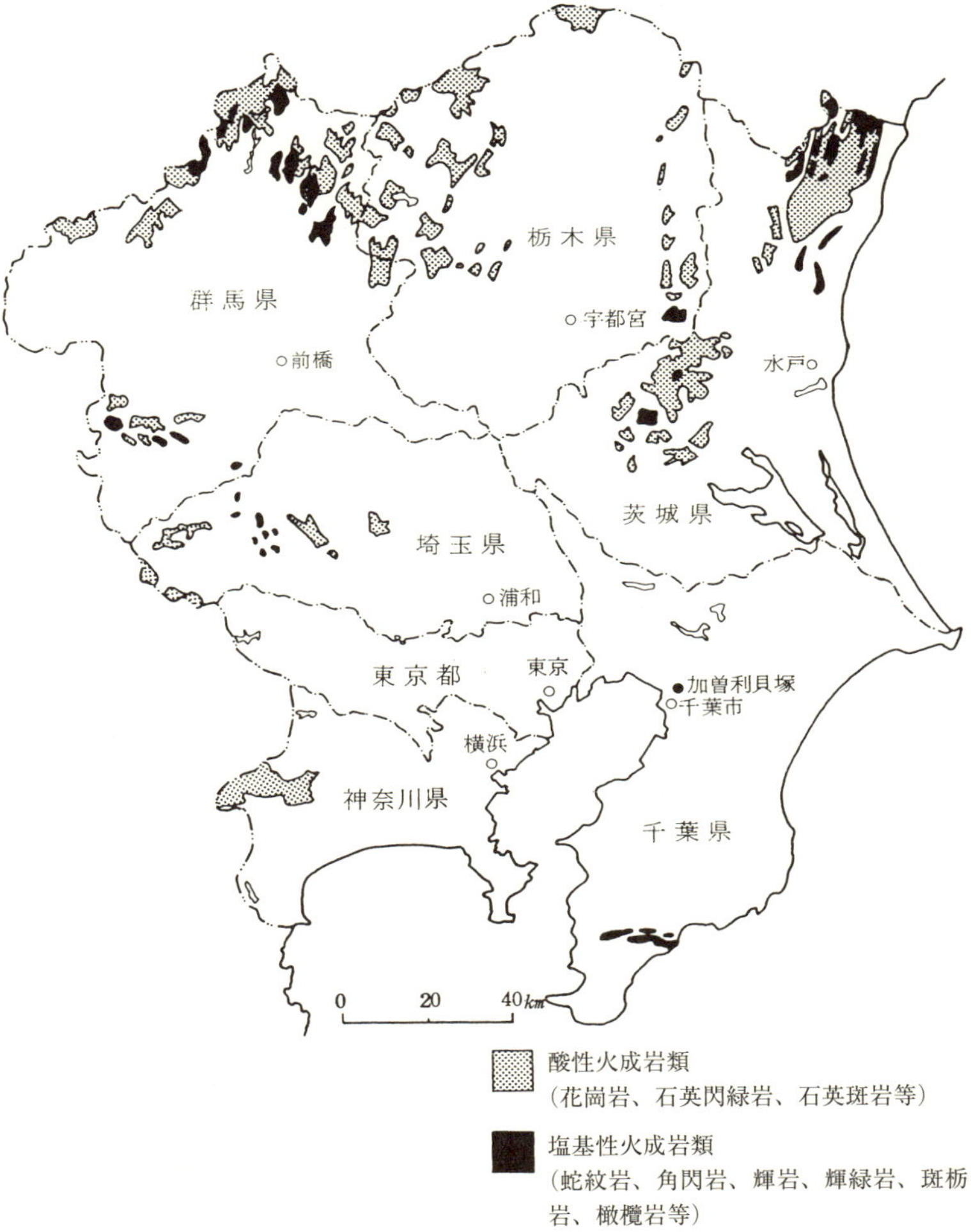

図47　関東地方の深成岩類の分布図

	堆積岩											変成岩						鉱物			
その他	礫岩（第三紀・中生代）	花崗質砂岩	凝灰質砂岩	硬砂岩	砂岩（第三・四紀）	粘板岩（含む珪質）	黒色粘板岩	泥岩（第三紀）	チャート	凝灰岩（含む酸性凝灰岩）	その他	雲母片岩	黒雲母片岩	石英片岩	緑泥片岩類	ホルンフェルス	その他	ヒスイ	黒曜石	貴蛇紋岩	その他
						8	5		21		2								94		2
									1										2		
									2										2		1
									11										9		1
1				19	12	13	3						1		2	5	1			4	
	1			46	27	31	17	1	4	2	3	7	11	5	3	5	2				
				1	1		4														
			1		28			1		1											
3			5	2	46					5	2	2			15		2				
2	8	4		83	44	2	2	1	3	4	3					7	2				
1	2		1	12	23	1			1	1	1						1				
	2	1		21	9	1	1		2	1	2	1									1
		1		2	2	11	11			2	1	1	3		18		3				
																		4		1	1
		1			2	2	1				1					1	1				
7	13	7	7	186	194	69	44	3	45	16	15	11	15	5	38	18	12	4	107	5	6

表 1　加曽利貝塚出土石器類の器種別石材一覧表

	火成岩																		
	花崗岩	アプライト	石英閃緑岩	石英斑岩	閃緑岩	斑糲岩	蛇紋岩・蛇灰岩	角閃岩	輝岩	カンラン岩	輝緑岩	安山岩	角閃石安山岩	石英安山岩	流紋岩質安山岩	輝石安山岩	流紋岩	玄武岩	浮岩
石　鏃										1	1						1	1	
石　槍																		2	
石　錐																			
スクレイパー									1										
磨製石斧		1			5	2	12	2	3	3	21	1		1			1	2	
打製石斧		3	2	1	1	4		1		4	4	12			1	2	12	4	
石　錘				1															
浮子（？）																			89
砥　石																	2		3
石　皿	1	1	2		8	5						105	1	1	4	1	2	1	
すり石	1	16	22	53	15	9				3	2	49	1	1	2	6	19	5	
くぼみ石	1	7	5	8	9	5					2	31	3	4	2	9	8	3	
叩き石		3		4	2	1				1	2	3					2	1	
石棒類		1	1		1							2	1			1	5		
装身具							1										1		
不明製品																			
計	3	32	32	67	41	26	13	3	4	12	32	203	6	7	9	19	53	19	92

山・浅間火山・箱根火山などもみられ、この岩盤を起源とする河川の転石に関して、加曽利貝塚縄文人の行動軌跡を古地理的環境に立脚した研究の方向性を示している。

一方で新井は、千葉県北部地域が石なし県であるがゆえに広く石材を求めたものとし、さらに、千葉の立地条件が関東構造盆地の底部に位置しているために、盆地周縁の山々を構成している各種の岩石類が利根川、荒川等の河川によって至近距離まで集中的に供給されるという好条件下にあったことを想定している。また、転石の課題についても、関東地方の主要河川の流系と原産地との関係を考慮し、石器として使用頻度の高い河床礫について、石器として使用できる大きさの礫を採取できる下流域の限界を実際に調査している。

この石材搬入が「干し貝工場説」の根拠であるかのように論じられているが、採取地と想定される地域のなかには海に近い地域も多く、この論理には相当に無理が感じられる。

(二) 石材研究の新たな展開

鉱物の同定に新たな方法が開発され、活用されてきている。そのひとつが蛍光X線分析である。鉱物は、構成元素の比率(存在量)が産地によって異なることから、測定によって原産地の解明につながる可能性が高い。博物館では加曽利貝塚出土黒曜石について、建石徹を中心とした研究グループに分析調査研究を委託した。

黒曜石の主成分元素組成では、主成分八元素「ケイ素・チタン・アルミニウム・鉄・マグネシウム・カルシウム・ナトリウム・カリウム」のうち、鉄とカルシウム、カリウムの存在量が原産地間で異なることが知られ、関東周辺の黒曜石原産地の場合、この三元素の存在量を比較することで、高原山・信州・神津島・箱根の大分類が可能となる。この三元素に、これらと挙動が類似し、原産地推定に有効とされる微量成分元素である「マンガン・ストロンチウム・ルビジウム」の三元素を加えて六元素とすることで、大分類内のより細かな原産地について識別することが可能となる。このことから、六元素をエネルギー分散型蛍光X線分析（非破壊法）で測定した。

遺跡出土黒曜石資料の原産地推定を行うにあたって、基礎資料として関東地方周辺の主要な黒曜石原産地のうち、栃木県高原山、長野県小深沢、長野県男女倉、長野県星ケ塔、長野県麦草峠、東京都神津島、神奈川県畑宿、静岡県柏峠、静岡県上多賀から採取した黒曜石の主成分元素と分析のための六元素を計測し、個々の資料と比較している。

資料とした黒曜石は北貝塚・南貝塚・東傾斜面から出土したもので、帰属時期が不明のものも含めて総数五五六点となった。

資料全体では神津島産が約八二・六％を占め、長野県産が一四・七％であった。

神津島産は北貝塚では約九二％を占めていたものが、南貝塚では六三％となり、長野県産は北貝塚で五％であったものが、南貝塚で三〇％に増える結果を得ている（表2）。個々の資料の出土層位などから、帰属時期の詳細な分類を行うことで、時期的な傾向が明らかになることが予想されるが、残念ながら過去の調査状況を勘案すると、充分な情報の提供ができない状況である。

なおこの研究では、これら黒曜石の原産地と加曽利貝塚の距離を、実質的な運搬経路や想定される運搬方法による負荷を推定して、原産地の占める比率や搬入の意味をとらえることもあわせて試みられている。

表2　加曽利貝塚出土黒曜石の産地同定表

黒曜石産地		神津島	信州系 星ケ塔	信州系 小深沢	信州系 麦草峠	信州系 男女倉	箱根系 畑宿	箱根系 柏峠	箱根系 上多賀	高原山	不明	合計
北貝塚	第Ⅰ調査区	14	0		0	0	0	0		0		14
	第Ⅱ調査区	37	2		0	0	0	1		1		41
	第Ⅲ調査区	21	2		1	0	0	0		0		24
	第Ⅳ調査区	94	0		2	2	1	0		0		99
	第Ⅴ調査区	1	1		0	0	0	0		1		3
	合計	167	5		3	2	1			2		180
	%	92.8%	2.8%		1.7%	1.1%	0.6%			1.1%		100%
南貝塚	Ⅲ層（後期後半）	12	2	1				0		1		16
	Ⅳ層（後期前半）	5	2	1				0		0		8
	南貝塚全体	56	19	8				1		4		88
	%	63.6%	21.6%	9.1%				1.1%		4.5%		100%
東傾斜面	合計	234	40							5	8	287
	%	81.5%	13.9%							1.7%	2.8%	100%

3　貝殻の成長線分析

加曽利貝塚の整備が進行するなかで、まず一九六八年に中期の北貝塚に固定型の貝層断面観覧施設が建築され、一九九四年に、後期の南貝塚に剥ぎ取り式の貝層断面観覧施設が整備された。そのことから、中期と後期の貝層断面が比較して見学できる世界唯一の遺跡となったわけである。

これまでの調査では貝類のサンプル採取は行われていたものの、貝層を構成する貝類の数量や構成比、大きさの傾向などの基礎データを得ることを目的とした採取は行われてこなかった。そのため、南貝塚の整備にともない、貝層の総合的な研究に向けた資料採取を計画した。

現在は一九六〇年代には考えられなかったさまざまな研究手法が開発され、重要で詳細なデータを得ることができるようになってきている。とくに、貝殻の成長線分析は、縄文人の漁労活動のスケジュールを知る上で重要であるとともに、貝層形成の時間軸を解明する上で、今のところ最も有効な分析法である。

そのため、南北両貝塚の貝層断面の貝殻成長線分析による貝層形成過程と貝類採取活動に関する総合的な研究を樋泉岳二に委託した。

委託研究の目的について北貝塚では、

一、貝層断面から採取した貝殻の死亡季節を推定し、貝層内における死亡季節の層位的な分布を調べることにより、貝層の堆積季節と堆積速度を明らかにする。また、貝層の堆積季節と貝類組成や他の構成要素との関係を調べ、貝類採取活動や貝層形成過程の季節パターンについて検討する。

二、ハマグリの殻成長速度と年齢構成を推定し、当時の貝類採取活動がハマグリの資源動態に及ぼした影響について検討する。

というもので、南貝塚ではこれに、

三、貝層ブロック資料の分析によって、貝層の形成開始期から終末期にいたる長期的な貝層内容（貝類組成およびサイズの変化）の変化を把握し、採貝活動の内容とその変遷を明らかにする。

を加えた三点で、総合的な分析を進めることにした。この研究目的の設定は、北貝塚では貝層断面の保存を第一に考えて採取サンプル数を抑え、南貝塚では貝層断面の整備段階から樋泉が参画し、十分なサンプルを採取できたためでもある。

また、南北両貝塚での採取サンプルは、おもにハマグリを用い、一部でアサリ・シオフキを用いている。これら三種は、加曽利貝塚における二枚貝の主要種であるとともに、成長線の観察が比較的容易で分析に適している。

それでは、貝殻の成長線分析とはどのようなものか見てみよう。

貝は、成長の過程で貝殻を大きくしていく。とくに干潟や砂浜、磯に生息する種類は、潮の干満が成長に大きく影響し、満潮時に捕食・成長し、干潮時に休眠・成長を止める。つまり、貝の成長線は満潮の回数に並行して形成される。干潟の潮間帯下部でも同様な状況が見られる。

一方、貝の殻成長の速度は、おもに海水温の影響により、年周期の変動を示す。海水温が最低値を示す冬（通常は二月）に殻成長はいちじるしく低下し、貝殻成長線相互の間隔が詰まって、目立つ成長線の密集帯が形成される。この部分を「冬輪」とよんで、貝の観察での指標となる。この冬輪を数えることで貝の年齢がわかる。また、最も縁に近い冬輪から腹縁までの成長線をカウントすることで、「貝が死亡した＝縄文人に採取された季節」を推定することができる（図48）。

実際にはハマグリでは、冬輪間の日成長線数が、第一〜第二冬輪間で二二五〜三九四、第二〜第三冬輪間で二三〇〜二五七となり、年間潮汐周期数／2≒三五四よりかなり少なく、高齢の個体ほど年間の成長線を減らす傾向がある。これは、冬季を中心に殻成長を停止したものと考えられている。また、夏期に障害輪を形成するものもある。これは、産卵障害や生息条件の悪化などが考えられている。なかには、この障害輪と冬輪の判断が困難な資料もあり、この障害輪を「擬冬輪」とよんで、他の資料と区別している。

ただし、この分析法は、二枚貝での方法が確立しているが、巻貝は開発・検証の途上にある。

貝の成長線分析を行うための具体的な工程をみてみると、まず、貝層断面の精密な観察と記録を

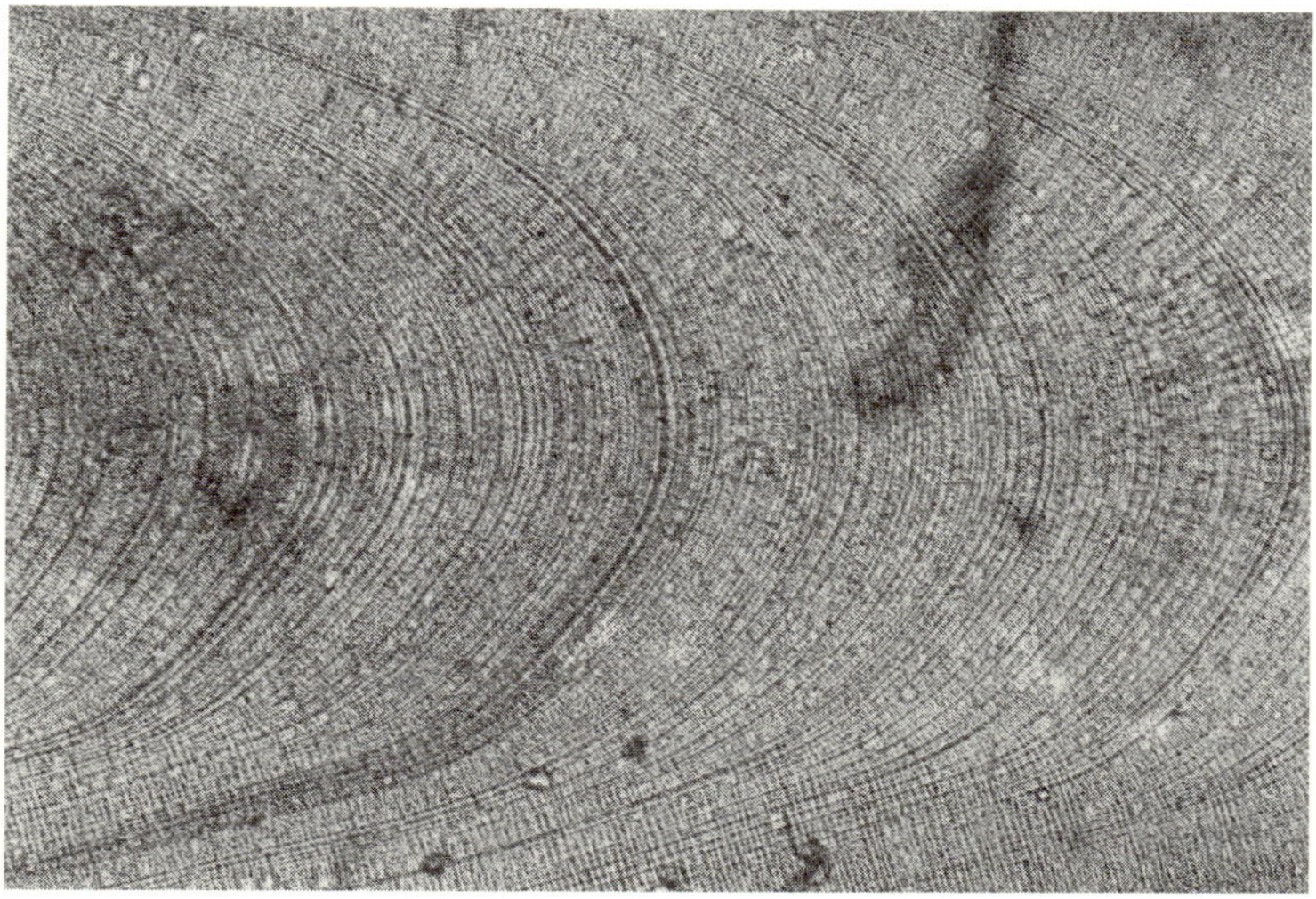

（冬輪）

（夏輪）

図48　ハマグリの成長線顕微鏡写真

行った上で、分析計画に則ったサンプルの採取をはじめる。ハマグリの純貝層があれば、少なくとも層の上端と中間、下端の三カ所からサンプルを採取することで、その純貝層の形成期間の解明をめざす。

　サンプルとなる貝殻は、まず全体を樹脂で固めて保護した上で、殻頂部から腹縁部にかけて切断する。次に切断面を平滑に研磨した上で、希塩酸でエッチングして成長線を強調させる。この断面をフィルムに転写してプレパラートを作成し、顕微鏡で観察をする。

　このような方法で、貝殻の成長線分析を個々のサンプルについて実施し、総合的に検討することになる。具体的な調査内容を見てみよう。

（一）北貝塚

　北貝塚では、貝層断面観覧施設の南側の断面に四カ所の調査対象となる区画を設定した。このうち、二区画は東側の住居跡内貝層である。

　この区画相互の層の関係を検討した上で、各サンプルの分析を行っている。

　まず、貝の年齢構成であるが、各調査対象区画で若干異なるデータが検出されてはいるが、ハマグリでは一歳前後の個体が大半を示し、断面全体を見回してもハマグリは相対的に小さい印象を受ける。

　北貝塚の貝層断面の全体を観察すると、断面中央部に幅二〇メートル、最大厚二メートル内外の大規模なレンズ状の貝層をベースとして、環状貝塚の内外に堆積の中心をずらしながら累積している。薄いハマグリ層とイボキサゴ層が互層となって緻密な縞模様を示すように観察できる。採取季節の分析から、厚さ数センチ以下の薄い層が多数累積した堆積構造を成し、一・五メートルほどの高さまで積み重なるま

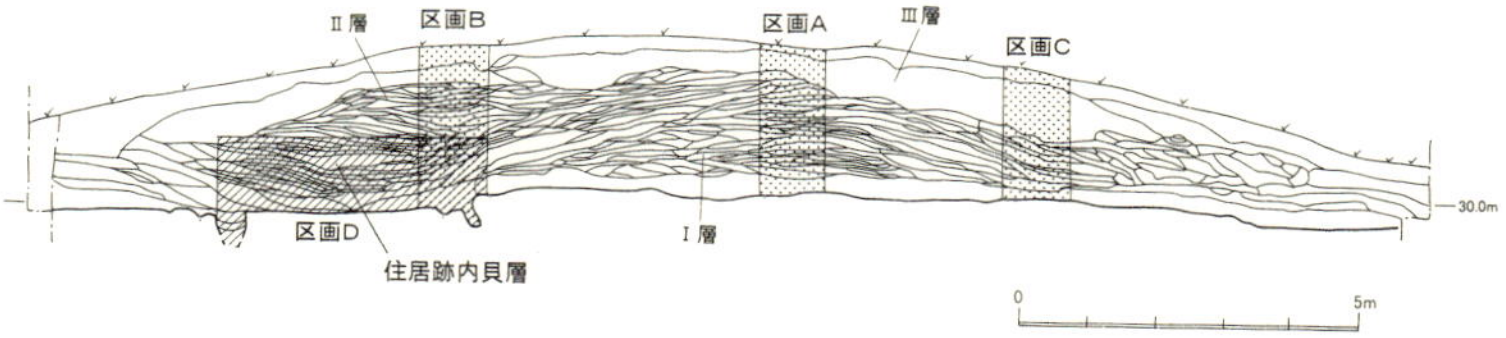

図49　北貝塚貝層断面の全体図と資料採取区の位置

でに、最低でも一〇〜一五年以上の期間、延々と貝殻の廃棄がくり返されたことが考えられる。平均の堆積速度は最も速く見積もっても年間一〇《チセン》程度で、実際には年間数《チセン》が推定されている（図49、図50）。

　また、貝の採取に関する季節的なまとまりは全般的に明瞭でなく、層位的な連続性もはっきりしないため、季節推移を追跡しにくい状況が観察されている。これは、一回の廃棄量が少ないか、広げて捨てられたため廃棄単位が分散されたことなどが推定された。

　加曽利貝塚縄文人が北貝塚を形成するにあたって、個々の季節層が薄く堆積速度が遅い反面、同じ場所に長期間にわたって、間断なく廃棄をつづけた結果、大規模な貝の「塚」が形成されたとも判断される。また、環状の平面プランが当初から設定され、この完成を目指して薄く貝殻を堆積させていったことも想定させる結果となった。

（二）南貝塚

南貝塚での貝層堆積は、径数《メートル》、厚さ三〇〜五〇《チセン》のレンズ状の貝層を堆積単位として、明確な間層（土の層）を挟みながらくり返し堆積し、厚さ二《メートル》の貝層を形作っている。

　個々のレンズ状貝層を観察すると、一〇《チセン》程度の季節層（ブロック）が観察され、季節のまとまりも明瞭であるとともに、廃棄単位がよく観察できる。また、季節性の層位的な連続性がよく、季節推移を追跡しやすい。一回の廃棄量が多く、比

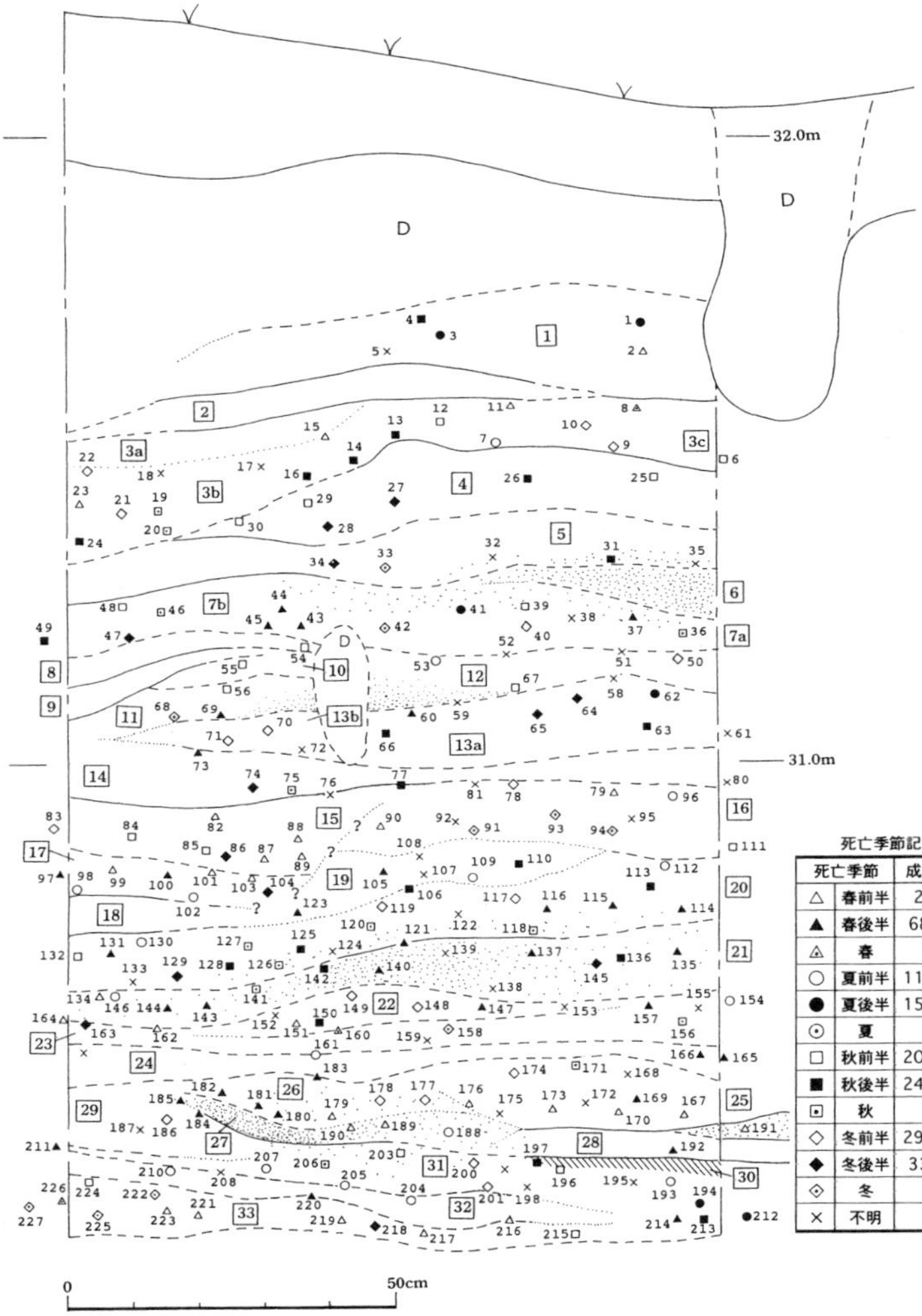

死亡季節記号

死亡季節		成長線数
△	春前半	23-67
▲	春後半	68-112
◬	春	?
○	夏前半	113-157
●	夏後半	158-202
⊙	夏	?
□	秋前半	203-247
■	秋後半	248-292
⊡	秋	?
◇	冬前半	293-337
◆	冬後半	338-22
◈	冬	?
×	不明	

図50　北貝塚貝層断面区画Ａにおける死亡季節の層位分布

較的狭い範囲に集中して廃棄されたためと考えられる。つまり、南貝塚では一定の場所に集中的に貝が廃棄され、三〇～五〇センチの小山を成すと、別の場所へ移動していったことが考えられる。

一方、貝層中に大きな整地痕跡や焚き火跡が観察される。これは、季節層の貝ブロックの上半を平らに整地し、薄い土層を間層として新たに季節層が堆積するもので、なんらかの作業にともなう整地痕跡とも考えられる。

貝の採取季節に関してみると、各季節層のブロックで夏後半から秋、冬後半から春をピークとした周期性を示す傾向がある。このことから、ハマグリ採取にはある程度定まった季節スケジュールがあり、状況に応じた採取季節の調整が加えられていたと考えられる。

貝層を構成する貝類のなかで、ハマグリは北貝塚にくらべて大振りのものが増加し、殻高の平均値は明らかに大型化している。年齢構成も満二歳前後の個体が主体を成しており、三歳以上の個体もある程度含まれる。

（三）北・南両貝塚の比較

北貝塚の貝層断面では、貝層を形成する各層が薄く、貝が広範囲に廃棄されたことが考えられている。また、合計して二〇年以上の形成期間が推定されている。一方、南貝塚ではブロック状の貝層が多く、ある程度集中的に貝層を形成し、移動をくり返すパターンが推定されている。

これらの相違を検討する上で、まず捕獲圧についてみる必要がある。捕獲圧とは、特定の種を大量に捕獲・採取することで、その種の生態系が乱れ、矮小化・減少・絶滅へと進むことである。

北貝塚で観察されたハマグリの多くは一歳前後で、二歳以上の貝はきわめて少ない状況にある。

これに対して、南貝塚では二歳前後を主体として、三歳以上の個体も含まれている。明らかに北貝塚での貝類構成は、ハマグリに対する強い捕獲圧を示している。南貝塚では、三～四歳以上の貝が急速に減少する点で、ハマグリ資源への捕獲圧が決して低くはなかったものの、北貝塚ほどのものではない。このことから、加曽利貝塚におけるハマグリ資源は、中期後半～後期前半にかけて一貫して強い捕獲圧下にあったが、中期の乱獲に近い状況は、後期になるとしだいに緩和されている。この捕獲圧の緩和は、貝類資源の増加や漁場の拡大、貝類に対する需要の低下、資源の維持を目的とした積極的な「自主規制」の結果など、さまざまな要因が考えられる。樋泉は、貝サンプルの季節性から、中期では不規則で一定のスケジュールがなく、非計画的な様相が強く認められたのに対し、後期は採取季節スケジュールがしだいに発達し、計画的な採取がなされるようになったと推測している。この点から、後期には資源の維持を促すなんらかのしくみが発達してきた可能性も充分に考えられるとしている。

　北貝塚は、基本的には真円に近い環状に貝層が分布している。貝塚の形成当初から、広い範囲に貝殻を散布するように廃棄され、長期間かけて分厚い貝層を形成している。一方、南貝塚では、楕円形の基本構成のなかで、ブロック状に貝層を廃棄するパターンを移動しながらくり返し、北東側と開口部をもつ歪みのある馬蹄形の貝層を形成している。この相違は、明らかに貝塚形成の意味が大きく変化していったことを示している。

　なお、北貝塚での成長線分析の際に発生した貝殻の切片について^{14}C年代測定法を行ったところ、保存処理に用いた石油起源の樹脂により、得られる年代が相当に古くなる結果となった。今後、樹脂分の除去や未処理資料の採取などを検討する必要が生じている。

4　人骨資料の総合調査

（一）再調査への経緯とその成果

加曽利貝塚は、報告書や雑誌などの記載をみても、明治期から現在まで幾度も発掘調査されてきた。しかし、一九六二年以前の調査では、大山史前学研究所の報告以外で、調査の詳細をみることができない。記載された内容も、「良好な人骨資料を得た」・「珍品発見」など、内容が不明のものも多く、人骨に関して七個体以上出土しているにもかかわらず、具体的に報告されてない上、保管場所も不明のものがある。

一方、一九六二年以降の調査では、報告書の刊行を積極的に進め、出土人骨については、鈴木尚を中心に詳細な分析が行われた。しかし、調査から四〇年以上経過し、各調査におけるデータの取り扱いに若干の差がみられることや、人骨データ全体を総合的に検討することへの時代の要請が高まるなかで、出土人骨全体を再調査することが考えられた。

そのため、博物館では一九九八年から二〇〇〇年にかけて「加曽利貝塚出土人骨の追跡調査研究」を、木村賛を中心とした研究グループに委託した。

発掘人骨の精査は、東京大学総合研究博物館人類先史部門所蔵の一九六二年以前の発掘人骨、一九六四年の南貝塚出土人骨、一九六五年の北貝塚出土人骨と、新潟大学医学部解剖学第一講座が所蔵する一九六二年の北貝塚出土人骨、加曽利貝塚博物館が所蔵する人骨について行うとともに、これ以外の発掘人骨の存在も探索している。

実際に調査を開始すると、これまでの報告書に記載されている個体数と実際に保管されている個体数が異なる場合があり、また、対応が明らかでない個体もみられたため、個体ごとにカードを作成し、実見しながら鑑定を行い、記録することを中心に調査が進められた（図51）。

カードには「通しの整理番号」、「保管場所」、「保管所番号」、「発掘調査年月」、「発掘調査者」、「年代情報」、「人骨調査年月」、「人骨調査者」、「年齢」、「性別」、「特記事項」、「保存状況」といった要素を含め、基本モデルとなる人骨全体の正面・背面両立面図に保存部分を網かけして、一目でどこが遺っているのかを理解できるようにしている。

同定作業は同定者の経験や技量によるところが圧倒的に大きく、同定者間の意見の相違もめずらしいことではない。そのため、現代人人骨などの比較資料を用いて、複数の同定者によるクロスチェックを基本としている。

性別鑑定は次の基準で行い、番号は優先順位を示している。

一．大座骨切痕
二．恥骨枝
三．乳様突起、眉間、前頭結節などの頭蓋骨部位
四．四肢骨の大きさ（太さも含む）
五．四肢骨関節面の大きさ
六．歯の大きさ

なお、複数の基準で矛盾が生じた場合は、順位の高いものを採用した。

年齢推定にもさまざまな基準が存在するが、性別判定と異なり同じ部位を用いた方法でも、基準が異なれば結果も異なることになる。そのため、基準を複数利用し、同定者間で議論して決定する

こととしている。年齢判定の基準と優先順位は次のとおりである。
〈成人期〉
①恥骨結合面：二十代から五十代まで癒合の進行によって形状が変化する。
②鎖骨の胸骨端：二十代後半に胸骨端と鎖骨が癒合する。
③頭骸骨内板の縫合：三十代～五十代までの間で変化する。
④歯の咬耗：四十代以上で咬耗が進む。
〈若年期〉
①四肢骨の骨端の癒合状態：一四歳から二十代後半の間までに癒合する。
②歯の萌出状況：一歳から二一歳までの間で変化する。
以上の項目と基準で出土人骨を再調査していったわけであるが、これまでの文献や報告書に記載された個体数と、実際に保管される個体数に差が生じている。この差の多くは個体同定方法の違いで生じたもので、一個体として報告されたものが実際に複数個体と見なされることがある。また、南貝塚の調査等では、埋葬人骨の一部が発見され、あえて拡張せずに埋め戻されたことなどによる。報告されている人骨と再調査したものを対照表で示すと、このうちで、埋め戻された人骨が一三個体となる。所在不明の人骨の一二個体の多くが幼少児骨で、大山史前学研究所が調査した二個体は戦災によって消失したものと推定されている。

識別された四七個体の人骨のうち、一九二三年秋の上羽貞幸調査資料は、縄文時代人でない可能性が高い。この資料を除いて加曽利貝塚出土人骨の構成をみると、北貝塚から出土した人骨が二二個体、南貝塚が二三個体で、一個体は帰属貝塚が

例

No.999　　本調査における整理番号を示す

保存状況　　網がけが成されている部分が残存している部位を示す

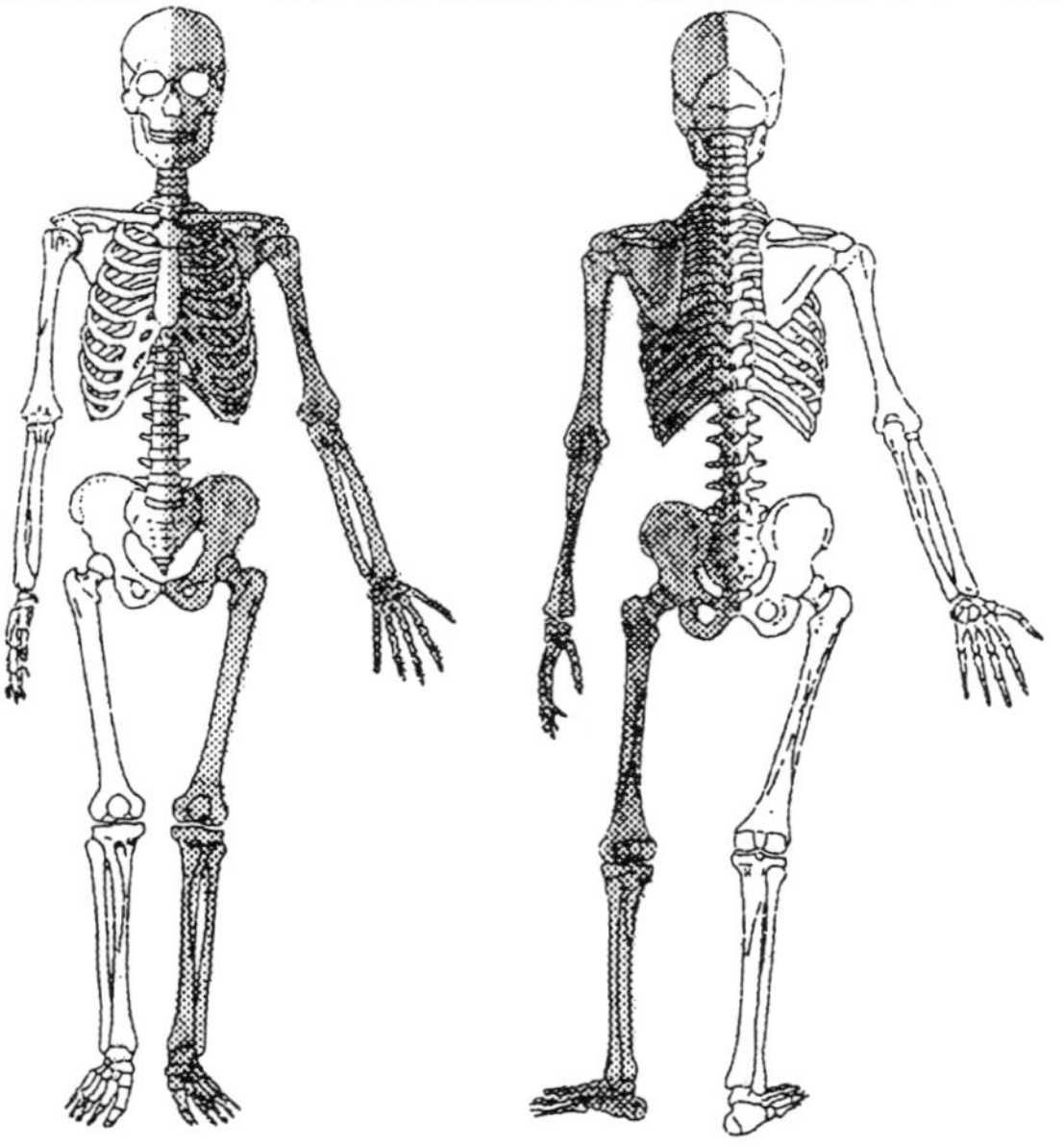

歯式																
上	~~8~~	~~7~~	~~6~~	~~5~~	~~4~~	~~3~~	~~2~~	~~1~~	d1	②	~~3~~	4(×)	d5	⑥	~~7~~	8(×)
下	~~8~~	~~7~~	~~6~~	~~5~~	~~4~~	~~3~~	~~2~~	~~1~~	1	2	3	4	5	6	7	8

d：乳歯、○：歯槽開放、／：破損欠損、×：歯槽閉鎖（抜歯、未萌出、欠如を含む）

歯式は向かって右側が人骨の左側の歯を記す

数字に記号が付いていない場合、その歯は残存している

凡

加曽利貝塚出土人骨

整理番号	本調査における整理番号
保管場所	人骨が現在保管されている機関
保管所番号	人骨が保管されている機関における番号もしくは名称
報告書番号	報告書のなかで与えられた番号
発掘調査年月	人骨が発掘された調査の実施年月
発掘調査地区	加曽利貝塚における発掘調査の地区。報告書の呼称に拠る
発掘調査者	人骨が発掘された調査の実施者
年代情報	その人骨が属する土器形式。報告書に拠る
文献	人骨を報告した文献
人骨調査年月	本調査が行われた年月
人骨調査者	本調査を行った者
年齢	人骨の推定年齢。推定基準は本文参照
性別	人骨の推定性別。推定基準は本文参照
特記事項	調査者がその人骨に関して気がついた事項。保管所番号と報告書番号との矛盾や病変などを記す

図51 加曽利貝塚出土人骨カード

不明である。このうち、中期が一〇個体、後期は二九個体で、七個体が年代不明である。後期に帰属する人骨のうち、一〇個体が北貝塚から検出されている。

性判定では、四個体が性別不明で、男性二六個体、女性一六個体とやや男性が多い傾向が見られ、南北両貝塚ともこの比率は大きく変わらない。

年齢構成では、二〇歳から五〇歳が圧倒的に多く、一五歳までがかなり少ない傾向があるが、不明人骨の多くが幼少児骨であることから、この点は補正される可能性もある。

縄文時代の人骨を研究する上で注目されるものに「抜歯」がある。これまでの研究で、抜歯は縄文時代前期に始まり、後期から晩期にかけて全国に広まったとされている。切歯から第三小臼歯までが残っている二〇個体（所属貝塚・帰属時期不明を除く）についてみると、五個体に抜歯がみられ、いずれも後期に帰属する。

一方、骨折や関節症、変形性脊椎症、骨膜炎、外傷治癒痕などの病変もみられ、判定可能な三八個体中で一四個体に病変が見られている。病変の出現率は四〇％弱で、福島県相馬郡新地町で百数十個体の縄文人骨が検出されている三貫地《さんがんじ》貝塚の病変出現率五〇％とくらべると低いものとなった。

（二）追加調査

二〇一一〜一二年にかけて、加曽利貝塚出土人骨の追加調査を東京大学総合研究博物館の諏訪元に委託した。これは筆者が、二〇〇九年から博物館に収蔵している獣・魚骨類の再整理をしたなかで、獣骨類に紛れた多くの人骨片を検出したためである。当時の調査では、明らかな人骨の出土後

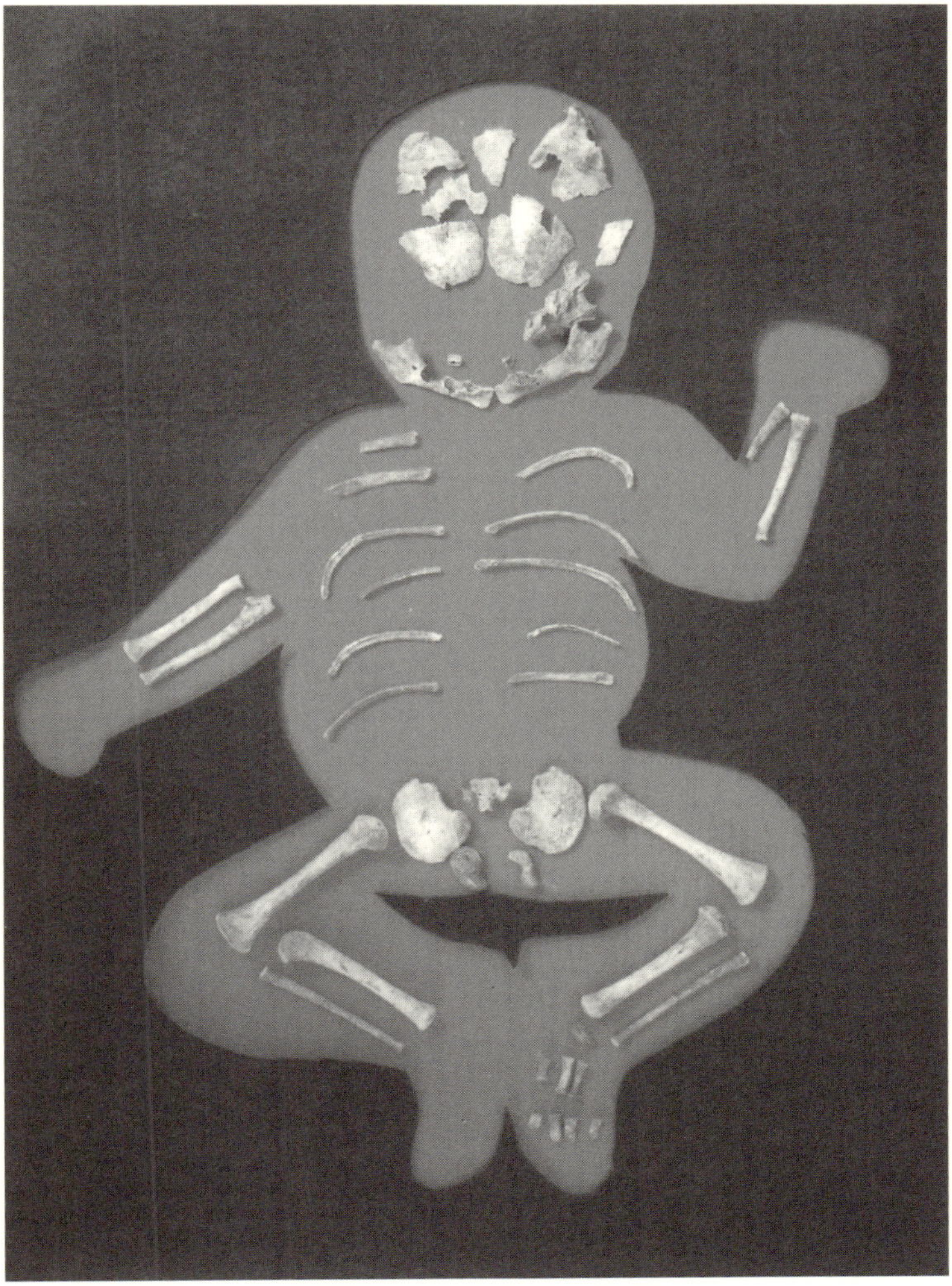

図52　南貝塚出土新生児骨

に人類学者が加わっている。それ以前に取り上げられたものが見落とされていたのであろう。

新たに検出し、同定された人骨は一一二標本にのぼった。内訳は一九六二年の北貝塚由来の六標本、一九六四年の南貝塚由来の九一標本、一九六五〜六七年の北貝塚由来の一三標本と、野外施設建設時の二標本である。これまで報告された資料に属する、あるいはその可能性が高いものが多く含まれる。

この調査で注目されるのは、四六標本にのぼる新生児〜乳児で、南貝塚の二三－三五グリットの土器内から検出されたほぼ全身骨格の新生児を基にして、多くの新生児骨が検出され、同定される結果となった（図52）。

調査途上の段階であるが、今後の精査が期待される。

V　過去の調査成果とのジレンマ——収蔵資料全体の見直し

加曽利貝塚の調査成果は四冊の報告書や博物館紀要に掲載してきているが、限られた整理期間のなかで、遺物を選別しているため、概要報告の域に留まっている。しかし、大型環状貝塚解明への要望の高まりのなかで、貝塚形成にかかわる仮説が次々と発表されてきた。

加曽利貝塚博物館でも、市民にわかりやすく解説することを目的としたため、これらの仮説の内「干し貝工場」説を基本とした常設展示を行ってきた。石材産地との交易品として干し貝をあげ、含まれる塩分に視点を置いたものであった。因果関係を説明しないものの、後期後半の土器製塩の成立とともに、貝塚文化の終息を関連付けている。しかし、この説の裏づけとなるデータは曖昧で、鋭い質問に戸惑う経験も多い。

これまでの加曽利貝塚についての仮説のなかには、十分なデータに裏打ちされ自信をもって言えるものが少なく、想定の根拠は多くが明示されていない。これは、博物館における基礎整理が遅遅として進まなかった状況に起因し、深く反省している。

加曽利貝塚の調査以降、現在にいたるまで各地で数多くの貝塚が調査され、詳細な報告書が刊行されてきている。現代の貝塚遺跡の調査では、特定の区域を設定してサンプルを採取する方法や、すべての土壌や貝を取り上げて洗浄する方法が採られている。一枚の貝層を平・断両面から詳細に観察し、貝層の容積や構成する貝類の種別個数や大きさ、採集季節、貝殻の割れなどの形状、混入する骨類など、多様な視点で調査・分析し、エラーを出さない工夫がなされている。

ところが、加曽利貝塚のこれまでの調査では、土器や石器、骨類などは現地で目視したものを中心に採集し、自然遺物としての貝は、サンプルのみが取り上げられ、実数値を得ることなく廃土といっしょに投棄されている。そのため、構成貝類はイボキサゴがきわめて多く、次にハマグリといった見た目のイメージでの説明に終始している。

一方、当時の調査では遺物を土層や貝層一括で取り上げているため、断面図作成時の詳細な土層分類と相違するものも多い。調査日誌や当時の調査関係者の談話では、この調査方法の反省から新たな手法が開発され、発展していったことが読み取れる。つまり、加曽利貝塚の調査は、新たな調査手法の開発と、現在の調査方法へと発展させる契機のひとつであったといっても過言ではない。

タイムマシンで過去の調査に参加することが不可能ななか、残された限りある資料やデータを駆使して、確実な基礎情報をいかに発信していくかという博物館の存在意義が問われてもいる。

1　獣骨・魚骨類を再整理して

収蔵庫に積み上げ、収納されている出土遺物のうち、報告書に掲載された獣・魚骨類はごく一部で、大半が土器などとともに死蔵状態にあった。そのため、南貝塚を中心に出土グリットを基本とした遺物台帳を作成しながら、骨類をピックアップして同じ番号を付した。その後、人骨・中形獣骨・小形獣骨・鳥骨・魚骨・海獣骨等に大別した。

人骨については諏訪元に分析を委託し、小形獣骨の一部は小宮孟に分析を依頼している。魚骨類は基礎的な整理を博物館で行い、最終的な検討を樋泉岳二に委託した。中形獣骨は博物館で基礎整理を実施した。

これまで博物館では、骨類の基礎整理を実施するため、ニホンシカやニホンイノシシ、ニホンカモシカなどの中形獣類をはじめ、アナグマ・タヌキ・ノウサギ・リスなどの小形獣類、キジなどの鳥、クロダイ・スズキ・マダイなどの魚を、出土資料と比較する骨格標本を得るため積極的に収集してきた。中形獣類では、石器による解体実験等も行い、魚類では、出土魚骨の体長等を復原するため、特定の魚種についてサイズの異なる標本を多数収集し、回帰分析も行ってきた。

これらを基に、魚骨と中形獣骨の基礎整理を進め、南貝塚についておおむね作業が完結し、基礎データを公表するにいたっている。全体を見回すと、小形獣の詳細な同定・分析は行っていないものの、中形獣類にくらべてその出土量は決して多くない。一般的な生息比率では、集落周辺には小形獣が多く生息し、タヌキやアナグマ、ウサギなど身近な獣のイメージがある。しかし、出土獣骨ではイノシシやシカが目立ち、小形獣の骨は目立たない。小形獣の精査による実数値の提供が期待される。

なお、加曽利貝塚全体の再整理を進めるなかで、北貝塚出土土器の袋のなかに骨類が多く混じっていることが判明した。現在、追加資料として抽出作業を進め、二〇一三年一月に中型獣骨と魚骨の同定・集計を完了した。今後の分析によって、遺跡全体の獣や魚などの正確な検出・現存量が得られ、加曽利貝塚縄文人の狩猟・漁労活動の実態がより明らかとなることが期待される。

（二）魚　骨

加曽利南貝塚から出土した魚骨は、総数で約三万点を超える。大半は発掘中に目視で検出したもので、獣骨などと同じ袋に収納されていた。一部にザルなどを使って取り上げられたものもある。

約三万点のうち、大半の資料で部位は判明するものの、種を同定できたものは二六一八点にとどまった。得られた最少個体数は四五五点で、大半にあたる三三八点をクロダイ属が占める。次いでスズキ属・コチ科・ボラ科が同定されるものの、スズキ属でクロダイ属の一〇分の一、コチ科・ボラ科でクロダイ属の二〇分の一に満たない（表3）。

このデータはクロダイ属が大半を占めているようにも見えるが、小宮孟の研究で状況は一変する。茨木県土浦市の上高津貝塚で、貝層を一センチ目で篩って得た魚骨とくらべて、一ミリ目で水洗分離して得た魚骨は数量で約二六〇〇倍に達している。これは、発掘中に検出する魚骨はごく一部で、大半は一ミリ目の篩で検出可能な魚骨が占めるというものであった。

上高津遺跡では、水洗分離によってニシン科・カタクチイワシ・ウナギ・サヨリ・アジ・マハゼなどが数多く検出され、構成する魚相が大きく変動している。加曽利貝塚の場合は海況が異なるものの、上高津貝塚よりも粗い調査手法であったことから、検出されずに投棄した多くの魚骨類があったことを前提に考えなければならない。

あらためてクロダイ属やスズキ属の骨を部位ごとに見てみると、不思議な傾向が見られる。それは、口や鰓蓋にかかわる骨類や鰭の棘の出土が多いものの、椎骨が極端に少ない点にある。種が同定できなかった骨のなかでも鰭の棘が多くを占める。椎骨はクロダイ属が一個体あたり二四個で、クロダイ属の最少個体数三三八を当てはめると、八千を超える。しかし、椎骨の検出数は一四八点と二％にも満たない。これは干物に加工した結果と考えている。ちなみにクロダイ属は海外では「棘の魚」ともよばれ、背鰭や胸鰭、尻鰭などに鋭い棘をもち、扱い方によっては怪我をする。

干物加工の手順から考えてみよう。一般的には、まず頭を落とし、内臓を抜いて二枚下ろしにする。半身に残る鰭を取り去ると、安心して干物作業に移れる。落とされた頭と鰭、内臓などは土器で煮炊きされるため、貝塚に骨が捨てられる。干物自体はその後の処理や行動食・交換などによって失われ、あるいは搬出されたと考えるわけである。

現在、ハマグリやカガミガイの殻を材料とした貝刃とクロダイ属の出土分布等について精査しているが、漁獲物の処理に関する成果が得られるものと期待している。

次に、検出する魚の大きさについてみてみよう。これまで出土魚類の体長等を推定復原するために、独自に多様なサイズの数種の魚の現生標本を、でき得るかぎり定点で収集してきた。標本は体長など各部位のサイズを計測して解体し、出土頻度の高い骨を選んで測定する。得られた数値を表計算ソフトに入力して、回帰分析を行う。この分析で骨と体長の関係の一次方程式が得られる。数値の精度はR^2で得られ、1に近いほど誤差が

方骨		前鰓蓋骨		臀鰭棘	第I椎骨	脊椎骨
R	L	R	L			
2	6	16	11	114	7	90
9	4	1	4	82	0	11
1	3	5	4	41	0	19
3	2	1	1	34	0	5
0	2	1	1	16	0	0
7	5	11	7	51	3	24
22	22	35	28	338	10	149

ヘダイ				マダイ				ボラ				コチ					第一血管間棘
前上顎骨		歯骨		前上顎骨		歯骨		主鰓蓋骨			脊椎骨	歯骨		角骨		脊椎骨	
R	L	R	L	R	L	R	L	R	L	片		R	L	R	L		
0	1	1	1	3	2	1	2	0	1	2	1	1	0	1	0	0	86
0	1	0	0	0	2	1	0	0	0	0	1	0	4	1	2	0	38
0	0	0	0	2	2	0	0	2	0	2	0	1	3	0	1	0	19
2	0	0	0	1	1	0	0	1	2	1	0	0	1	0	0	0	17
0	0	0	0	0	0	0	0	1	0	0	0	0	0	0	0	0	7
3	1	6	5	2	0	0	2	1	0	1	0	2	1	0	1	1	35
5	3	7	6	8	7	2	4	5	3	6	2	4	9	2	4	1	202

同定表総骨数 2618

表3　南貝塚魚骨同定表

検出地点	クロダイ属											
	前上顎骨		歯骨		主上顎骨		角骨		主鰓蓋骨		口蓋骨	
	R	L	R	L	R	L	R	L	R	L	R	L
Ⅰトレ	97	122	77	102	47	35	10	26	10	8	22	16
Ⅱトレ	84	61	51	69	34	21	12	9	5	5	14	17
Ⅲトレ	35	37	40	51	27	20	7	6	3	4	13	18
Ⅳトレ	22	24	16	15	8	3	2	1	1	3	2	1
Ⅴトレ	12	13	18	5	2	3	0	0	2	2	2	0
Ⅵトレ	41	31	30	32	26	14	14	12	8	5	15	16
	291	288	232	274	144	96	45	54	29	27	68	68

検出地点	スズキ属											
	前上顎骨		歯骨		主上顎骨		角骨		主鰓蓋骨			脊椎骨
	R	L	R	L	R	L	R	L	R	L	片	
Ⅰトレ	2	1	5	6	0	1	1	3	4	5	2	1
Ⅱトレ	3	0	0	2	1	3	1	0	5	8	3	1
Ⅲトレ	1	1	3	3	0	2	2	1	4	1	14	0
Ⅳトレ	0	0	0	1	1	0	1	0	1	2	1	0
Ⅴトレ	0	1	0	0	2	0	0	0	0	0	1	0
Ⅵトレ	0	0	2	3	1	1	1	1	1	5	0	2
	6	3	10	15	5	7	6	5	15	21	21	4

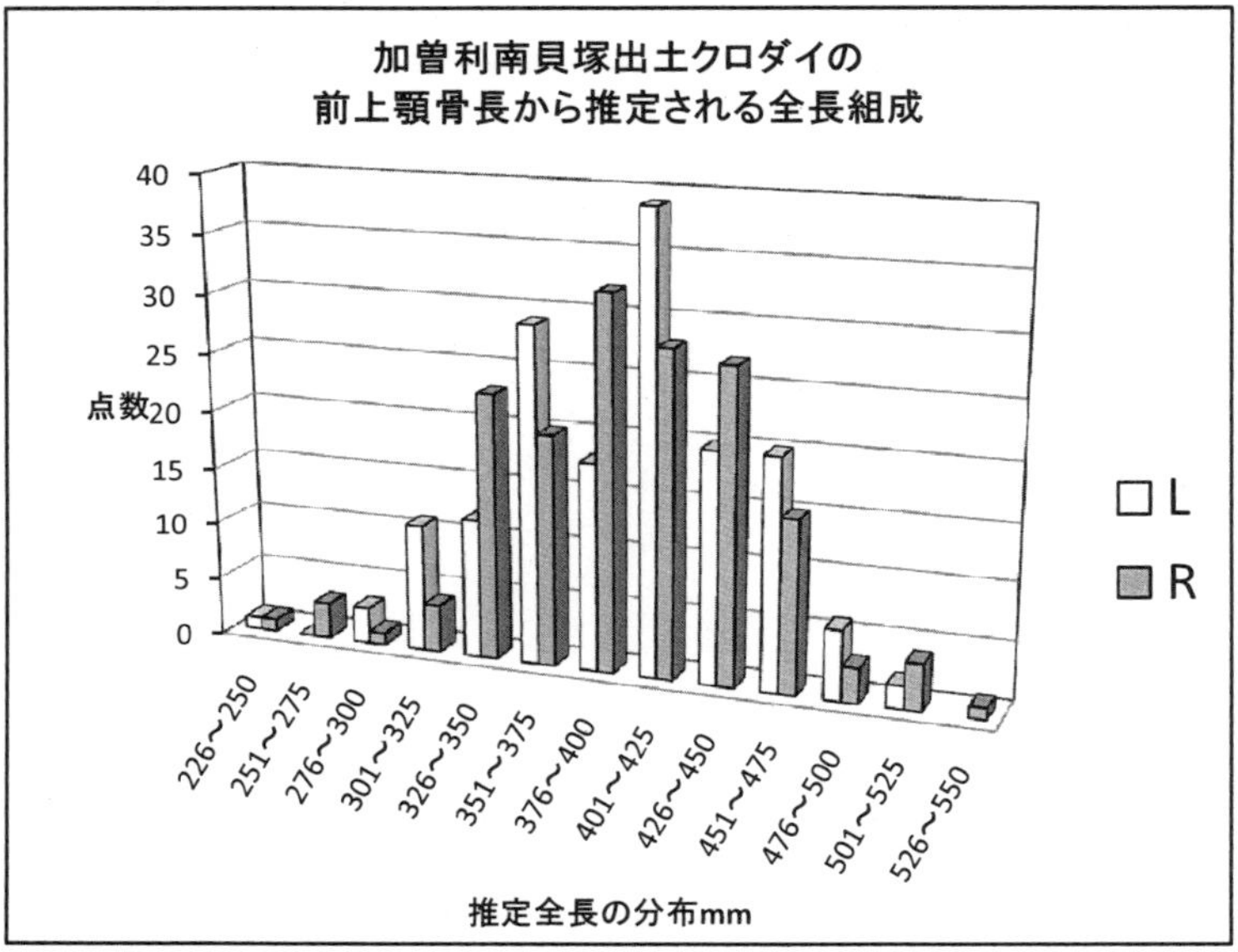

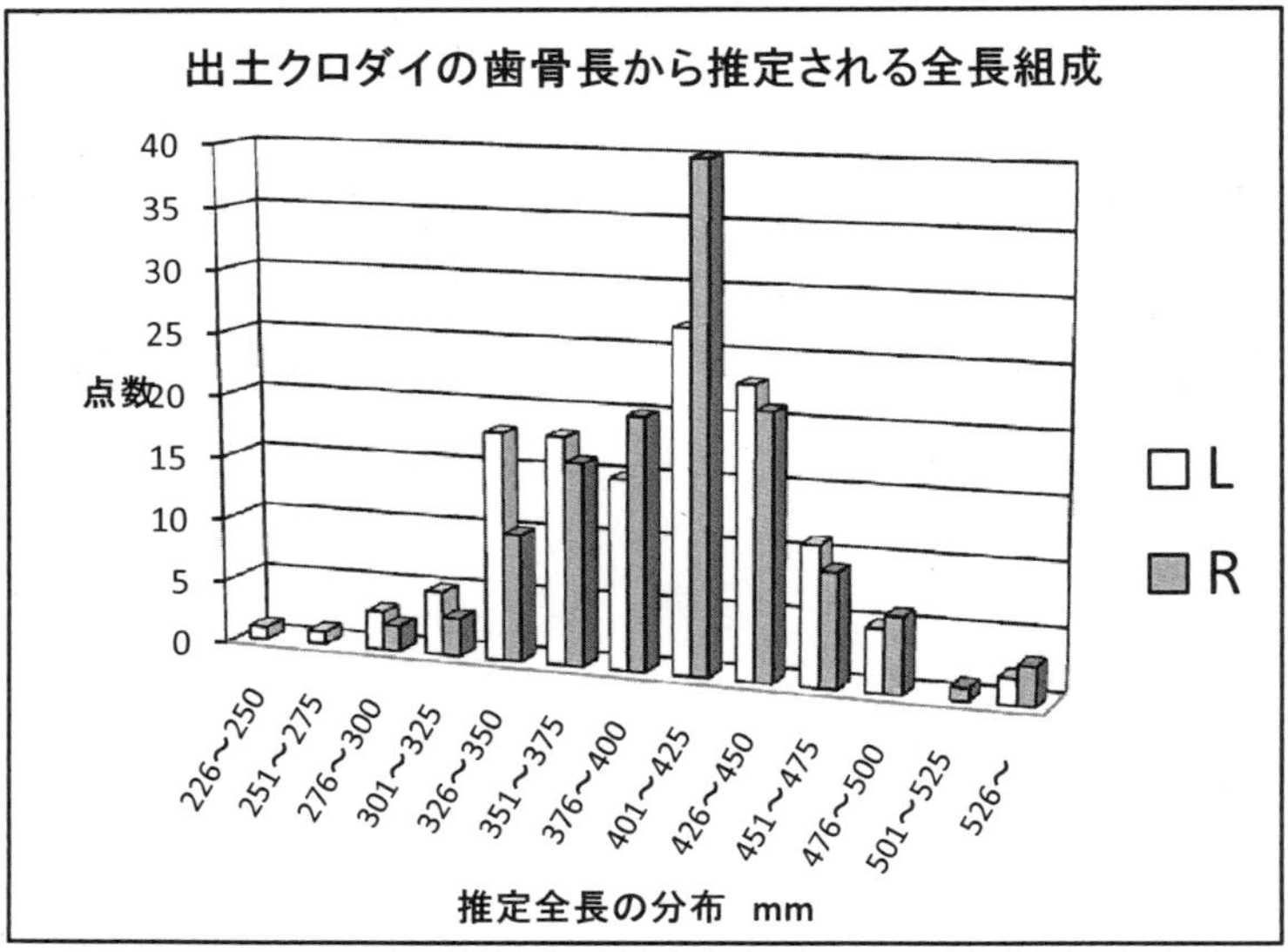

図53 出土クロダイの上下顎骨から分析した全長組成

少ない。出土魚骨の計測値をこの方程式に当てはめると、生きていた状態のおおむねのサイズを知ることができる。

南貝塚から出土したクロダイ属の前上顎骨と歯骨の左右について、計測可能な約千点を計測して推定サイズの傾向を調べてみた。その結果、全長三七～四〇《チセン》周辺をピークに、最大全長五五《チセン》を測った。幼魚の見落としはあるであろうが、現代の釣り人が喜ぶようなサイズが並ぶ（図53）。

得られた数値で問題となるのは、最も警戒心の強くなる四〇《チセン》前後をピークとして、成長限界近くまで育ったクロダイ属をどのように捕獲したのかという点にある。旧来は、出土する鹿角製釣針での捕獲が想定されてきたが、釣針の出土数とはかけ離れた魚の数で、釣以外の漁法を考えざるを得ない。

ここで考えられるのは、干満差を利用したスダテなどのワナ漁で、都川下流域に広がる入り江などの自然地形や流木などを利用して、恒常的な漁労活動が行われていたものと推定している。

今後は、南貝塚の貝層断面観覧施設の整備にともなう調査で、数多くのコアサンプルを採取していることから、より詳細なデータを得るために精査を進めることになっている。

（二）中形獣骨

加曽利南貝塚出土の中形獣の骨について、二〇一一年に分類・整理し、情報を公開している。中形獣骨全体で約八千点を数えるが、細かくスパイラルに割れた四肢骨片も多く、種・部位が同定できたものは二二五九点であった。内訳は、ニホンシカ一一七五点、ニホンイノシシ一〇八四点で、最少個体数はシカで七〇頭、イノシシで五八頭を数えた（表4―1、表4―2）。

中手骨 R	中手骨 L	寛骨 R	寛骨 L	大腿骨 R	大腿骨 L	脛骨 R	脛骨 L	中足骨 R	中足骨 L	距骨 R	距骨 L	踵骨 R	踵骨 L	基節骨	中節骨	末節骨	合計	最少個体数集計
1	4	1	0	3	4	2	3	3	2	3	2	2	1	8	3	0	85	6
9	7	1	0	2	7	7	6	3	8	7	6	9	6	10	6	5	186	9
11	2	0	1	8	6	5	9	11	8	4	2	5	6	16	16	5	268	11
0	2	2	1	1	2	1	1	4	3	1	0	3	3	2	4	0	71	4
21	15	4	2	14	19	15	19	21	21	15	10	19	16	36	29	10	610	30
3	1	1	1	2	4	0	2	0	4	2	0	3	3	5	4	2	87	8
10	1	4	2	3	3	5	6	3	4	4	0	2	2	7	7	5	125	10
7	4	1	0	3	0	6	2	4	3	1	2	4	5	11	6	5	112	7
2	5	2	3	4	4	4	4	7	4	0	2	4	0	5	3	6	99	7
5	4	1	1	1	1	5	7	8	3	2	2	5	4	5	7	0	142	8
24	14	8	6	11	8	20	19	22	14	7	6	15	11	28	23	16	478	32
																	シカ合計	70

大腿骨 R	大腿骨 L	脛骨 R	脛骨 L	腓骨	中足骨	距骨 R	距骨 L	踵骨 R	踵骨 L	基節骨	中節骨	末節骨	シカ・イノシシの肋骨合計 g	合計	最少個体数集計
1	2	0	1	1	0	0	1	1	3	0	1	0	71	46	5
2	1	3	2	5	2	3	3	2	2	9	4	0	155	94	5
4	2	4	4	15	24	4	1	4	6	3	10	2	148	241	20
1	0	1	2	3	1	0	1	0	1	0	1	0	164	42	5
8	5	8	9	24	27	7	6	7	12	12	16	2	538	423	35
0	1	2	3	6	2	0	0	2	1	1	4	1	215	72	5
0	1	0	2	3	4	0	1	0	0	1	4	0	68	50	4
0	1	0	1	3	5	0	0	0	4	3	1	0	95	49	4
2	0	1	0	6	1	3	2	1	1	3	1	0	78	79	6
1	1	0	0	1	1	0	1	3	0	2	0	1	90	45	4
3	3	1	3	13	11	3	4	4	5	9	6	1	331	223	18
													1084	イノシシ合計	58

表4—1　南貝塚出土ニホンシカ同定表（同定総骨数1347）

地区区分	出土地点	角			頭蓋骨	下顎骨		椎骨	肩甲骨		上腕骨		尺骨		撓骨	
		R	L	片		R	L		R	L	R	L	R	L	R	L
北貝層	Ⅰトレ①区合計	1	1	9	1	6	2	8	1	0	2	1	1	1	5	4
	Ⅳトレ②区合計	4	1	15	6	5	2	23	3	2	4	9	1	3	7	2
	Ⅲトレ③区域合計	4	4	41	20	5	10	23	5	8	5	8	1	1	8	10
	Ⅱトレ④区合計	2	0	11	1	3	4	10	1	2	1	2	1	1	1	1
	北貝層合計	11	6	76	28	19	18	64	10	12	12	20	4	6	21	17
西貝層	Ⅵトレ⑤区合計	1	1	6	4	3	3	10	1	1	3	4	2	1	8	2
南貝層	Ⅰトレ⑥区合計	3	1	10	6	2	2	16	4	0	5	2	2	0	1	3
	Ⅵトレ⑦区合計	0	0	18	2	2	4	9	0	2	0	1	1	1	2	6
	Ⅴトレ⑧区合計	1	2	8	5	2	2	6	1	3	2	0	1	0	6	1
	Ⅱトレ⑨区合計	0	1	29	5	4	2	13	4	2	4	6	0	3	5	3
	南貝層合計	4	4	65	18	10	10	44	9	7	11	9	4	4	14	13

表4—2　南貝塚出土ニホンイノシシ同定表（同定総骨数 838）

地区区分	出土地点	頭蓋骨	下顎骨		椎骨	肩甲骨		上腕骨		尺骨		撓骨		中手骨	寛骨	
			R	L		R	L	R	L	R	L	R	L		R	L
北貝層	Ⅰトレ①区合計	2	1	1	7	5	3	5	0	3	4	1	1	1	1	0
	Ⅳトレ②区合計	11	2	5	8	5	4	3	2	0	1	1	4	6	1	3
	Ⅲトレ③区域合計	22	16	20	30	8	5	5	6	4	4	7	6	16	4	5
	Ⅱトレ④区合計	8	5	2	4	0	2	1	1	3	0	2	1	0	2	0
	北貝層合計	43	24	28	49	18	14	14	9	10	9	11	12	23	8	8
西貝層	Ⅵトレ⑤区合計	9	5	1	10	3	0	1	1	1	0	2	2	9	2	3
南貝層	Ⅰトレ⑥区合計	4	4	4	8	2	0	2	1	2	0	2	1	1	1	2
	Ⅵトレ⑦区合計	4	4	3	3	0	1	4	1	2	1	0	2	4	0	2
	Ⅴトレ⑧区合計	10	4	5	12	5	5	1	6	1	1	1	1	2	3	1
	Ⅱトレ⑨区合計	9	4	1	8	0	2	2	1	1	0	1	0	3	2	0
	南貝層合計	27	16	13	31	7	8	9	9	6	2	4	4	10	6	5

大腿骨		脛骨		中足骨		距骨		踵骨		基節骨	中節骨	末節骨	その他・備考	合計	最少個体数
R	L	R	L	R	L	R	L	R	L						
0	3	3	2	2	0	0	0	2	1	2	4	2	環1・軸3・頚0・胸5・腰4・仙0	79	4
0	3	3	2	2	0	0	0	2	1	2	4	2	環0・軸0・頚2・胸3・腰0・仙0	64	4
0	2	2	2	3	2	1	2	4	2	5	1	2	環2・軸1・頚8・胸2・腰2・仙0	76	4
4	2	2	6	3	1	2	2	3	0	4	0	2	環1・軸0・頚1・胸1・腰0・仙1	60	6
0	1	1	0	4	0	1	1	1	1	0	0	0	環1・軸0・頚1・胸1・腰0・仙0	22	4
1	1	0	0	2	0	0	1	0	1	0	0	0	環0・軸0・頚2・胸0・腰0・仙0	22	2
0	1	0	0	1	0	0	0	0	0	0	0	0	環0・軸0・頚0・胸0・腰0・仙0	14	2
1	1	1	0	0	0	0	0	0	0	2	0	0	環0・軸0・頚1・胸1・腰1・仙0	20	2
0	0	1	2	0	1	1	4	0	0	0	0	0	環0・軸1・頚1・胸0・腰4・仙0	27	4
6	14	13	14	17	4	5	10	12	6	15	9	8	環5・軸5・頚16・胸13・腰11・仙1	384	32

腓骨		中足骨		距骨		踵骨		基節骨	中節骨	末節骨	肋骨	その他・備考	合計	最少個体数
R	L	R	L	R	L	R	L				g			
1	1	0	1	1	1	2	0	1	2	0	30	環1・軸1・頚0・胸0・腰0・仙2	76	8
0	0	0	1	1	0	2	0	3	0	0	5	環1・軸0・頚0・胸0・腰0・仙0	56	8
2	1	3	2	1	1	2	3	7	2	0	40	環1・軸1・頚0・胸6・腰6・仙0	159	12
1	0	1	0	1	0	2	4	0	1	0	8	環1・軸0・頚1・胸0・腰3・仙0	74	8
0	0	1	0	0	0	1	0	2	0	0	10	環1・軸0・頚0・胸0・腰0・仙0	23	2
1	0	0	1	0	0	0	0	0	0	0	6	環0・軸1・頚1・胸0・腰0・仙0	21	2
0	0	2	1	0	1	0	0	1	0	0	12	環0・軸0・頚0・胸0・腰0・仙0	23	4
0	0	1	0	0	0	0	0	0	0	0	3	環0・軸0・頚0・胸2・腰1・仙0	9	1
0	0	0	0	0	0	0	1	0	0	0	2	環0・軸0・頚0・胸1・腰0・仙0	18	3
5	2	8	6	4	3	9	8	14	5	0	116	環5・軸3・頚2・胸9・腰10・仙2	459	48

表5—1　北貝塚出土ニホンシカ同定表（同定総骨数 384）

調査年度・対称		角			頭骸骨	下顎骨		椎骨	肩甲骨		上腕骨		尺骨		撓骨		中手骨		寛骨	
		R	L	片		R	L		R	L	R	L	R	L	R	L	R	L	R	L
62KN シカ	小計	3	1	8	2	3	3	15	2	2	1	4	0	0	2	1	4	3	3	1
65·68KN Ⅰシカ	合計	3	1	8	2	3	3	15	2	2	1	4	0	0	2	1	4	3	3	1
65KN Ⅱシカ	小計	1	0	2	3	2	0	16	2	3	1	0	2	2	2	3	0	1	2	1
66・68KNC シカ	合計	1	0	0	0	2	2	4	1	3	1	2	0	0	3	3	2	4	0	1
67KNA シカ	小計	1	0	2	1	0	0	3	0	0	0	0	0	2	0	0	1	1	1	0
67KNB シカ	小計	0	0	0	1	1	0	2	1	1	0	0	0	0	0	1	0	0	0	0
67KND シカ	小計	0	0	4	0	1	0	0	1	0	1	2	1	0	0	0	1	1	0	0
68KN Ⅳシカ	小計	1	0	1	1	1	0	3	1	1	1	2	1	0	0	1	0	1	0	0
KN 不明シカ	小計	0	0	3	1	0	1	5	0	0	3	1	1	0	0	0	0	2	1	0
北貝塚シカ	総計	10	2	28	11	13	9	63	10	12	9	15	5	4	9	10	12	16	10	4

表5—2　北貝塚出土ニホンイノシシ同定表（同定総骨数 459）

調査年度・対称		頭骸骨	下顎骨		椎骨	肩甲骨		上腕骨		尺骨		撓骨		中手骨		寛骨		大腿骨		脛骨	
			R	L		R	L	R	L	R	L	R	L	R	L	R	L	R	L	R	L
62KN イノシシ	小計	6	7	7	7	8	2	2	2	0	3	0	6	3	0	1	1	5	1	3	2
65·68KN Ⅰイノシシ	合計	7	7	6	1	6	8	3	1	2	1	5	3	2	2	1	1	1	0	0	2
65KN Ⅱイノシシ	小計	21	7	9	16	12	8	7	7	5	5	5	4	4	4	5	0	1	3	3	4
66・68KNC イノシシ	合計	10	3	7	6	1	8	2	4	5	2	0	1	3	1	2	4	2	2	0	1
67KNA イノシシ	小計	6	1	2	1	1	0	2	0	0	2	0	0	2	0	0	1	0	0	0	1
67KNB イノシシ	小計	2	0	0	2	0	2	1	1	1	2	0	1	2	0	0	1	1	0	2	0
67KND イノシシ	小計	1	4	3	0	2	0	1	2	0	0	0	0	1	1	0	0	0	0	1	2
68KN Ⅳイノシシ	小計	2	0	0	1	0	0	1	0	1	1	1	0	1	0	0	0	0	0	0	0
KN 不明イノシシ	小計	4	0	2	0	1	3	0	0	1	0	0	0	1	1	1	0	1	0	0	2
北貝塚イノシシ	総計	59	29	36	34	31	31	19	17	15	16	11	15	19	9	10	8	11	6	9	14

集中して出土するグリットもあるため、一概にシカとイノシシの比率を論じられないが、以外に少ないといった印象が強い。

同じく北貝塚では、二〇一三年一月時点でニホンジカ三二頭ニホンイノシシ四八頭という結果を得ている（表5―1、5―2）。

ここで注目されるのは、椎骨と肋骨の少なさである。シカは環椎から仙椎までで椎骨が二七個ある。イノシシは二八個で、シカ一〇二頭で二七五四個、イノシシでも一〇六頭で二九六八個の椎骨が算出される。ところがシカで一六七個、イノシシで一二四個が検出されるのみで、大きな差がある。肋骨も一・二キロほどの出土である。一部に椎骨は髄組織が多く、遺存しにくいという意見もあるが、検出された椎骨の状況をみると、別の理由を考えざるを得ない。また検出された椎骨の中で頸椎の比率が高く、狩猟から運搬・解体・分配と

いった各段階での要因を想定する必要がある。

筆者はこれまで一〇年以上、動物考古学の専攻生を中心とした参加者を募り、個人的にシカやイノシシを石器で解体する実験を行ってきた。その実験成果から考えてみよう。

一般にシカの解体では、腹部を開いて内臓を除去した後、表皮を剥ぐ。次に、剥ぎ取った皮の上で解体を進める。これは、野生動物の筋膜が生乾きの状態で粘着力を増し、砂などが付くと落としにくいためである。次に前肢・後肢の順に外すと、体幹部がのこる。複雑に筋肉が絡み合った頸椎から上の頭蓋部分と寛骨・仙椎部分を外すと、残った胸椎・腰椎で目立つ肉塊は胸最長筋・腰最長筋（ヒレ肉）だけで、棘突起に沿わせて刃を入れ、端をもち上げながらていねいに剥ぎ取っていくと、きれいに椎骨だけが残る（図54）。

ここで仙椎の少なさが注目される。脊椎動物の

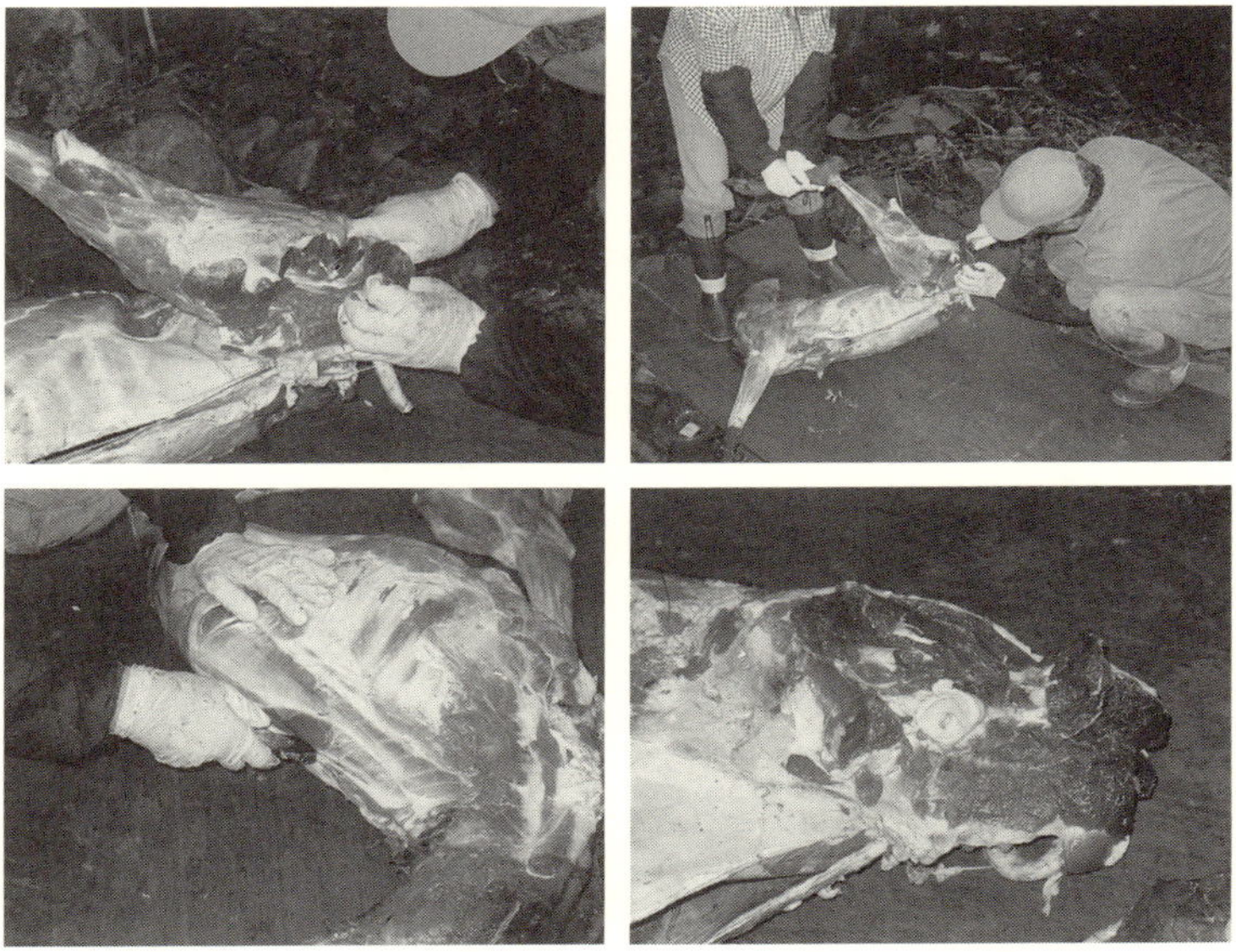

図54　石器でのニホンシカ解体実験（後肢・背筋の切除）

仙椎は耳状面で寛骨と強く接合するが、寛骨の検出量にくらべて仙骨が極端に少ない。そのため、あらためて解体手順から考えてみた。

これまでの解体実験では、後肢と体幹部の切除は、寛骨の外側面に沿わして刃を入れ、大腿骨近位の関節を外すという工程をくり返してきた。この場合、臀部に肉塊がやや多めに残る。これを寛骨と仙椎の間を切開する方法に変えれば、仙椎が極端に少ない理由は部分的に理解できる。しかし、実際に同様の解体工程は行ったことがない。今後の検討課題となろう。一方、別の見方もある。寛骨と仙椎は脊椎動物にとって生殖器を保護する重要な骨格部位である。そのため、送りの祭祀などに供されたといった考え方である。また、猟犬の餌となったという考えもある。

いずれにしても、胸椎から仙椎にいたる骨の出土頻度がきわめて少ないことは事実で、今後の大きな課題となる。解体痕跡の精査などを通じて解明されるであろう。

この加曽利南貝塚出土の中形獣骨類は、魚骨類と同様、出土グリットごとに、層位別に小分けし、部位ごとに小袋に収納している。そのため、研究などで要請があれば、容易に希望する資料を抽出できる状況にある。現在、コラーゲン分析等の予定があり、新たな成果が期待される。

2　調査面積が物語るもの

加曽利南貝塚の整備にともない、南貝塚の地下レーダー探査と比抵抗マッピングによって、貝層の範囲が明らかとなった。あわせて、史跡周辺も含めた測量調査が実施されたことから、正確な測量図が完成した。その際、北貝塚についてはボーリング探査で貝層範囲を地図上に付加している。

これらの測量図を基にして、一《メートル》のコンタ法で貝層面積を求め、二万一〇六七㎡という面積が得られた。

一方、一九六二年から八六年にいたる調査では、九五四七㎡が調査されているが、貝層範囲で見てみると、調査面積は一五五二㎡にすぎない。

北貝塚の貝層面積は九三〇八㎡で、貝層調査面積合計七〇八㎡は約七・二％、南貝塚は貝層面積が一万一七五九㎡で、貝層調査面積合計八四四㎡は約七・四％にあたる。また、南貝塚の貝層調査面積は加曽利貝塚の総貝層面積の約四％にあたる。つまり、貝層面積の九二％が良好な形で保存されていることになる。

今回提示した南貝塚出土骨類のうち、クロダイ属の最少個体数三三八を基に、南貝塚単体では約四七六〇個体、加曽利貝塚の貝層総面積で換算すると、推定埋蔵個体数八四五〇個体が算出される。同様にニホンシカでは九四六個体・約一七五〇個体となり、ニホンイノシシでは七八四個体・一四五〇個体となる。

仮に加曽利貝塚の形成期間を二千年とすると、年間にクロダイ属で約四・三個体、ニホンシカで一個体、ニホンイノシシで約〇・七個体程度となり、これまでの縄文時代のイメージとは異なるものに感じる。貝層範囲外で風化・消滅したことを考えても、その数は大きくは変動しないものと思われる。

一年間の捕獲・漁獲量として考えると、あまりにも少ない数であるが、安定的な食材として干し肉・干物に加工していたと考えざるを得ない。

縄文時代中期後半から後期末にいたる加曽利貝塚の形成期間のなかでは自然環境の変化もあり、狩猟・漁労活動の形態や手法、内容も大きく変遷していたことが考えられる。そのため、北貝塚出土骨類の基礎整理を進め、南北貝塚間の差などを詳細に検討することが、各時代の狩猟・漁労活動の実態を知る上で最も有効な手段で、今後が期待される。

3　乾物と貝塚

加曽利貝塚の貝類は、おおむね「干し貝」に加工したことは間違いない。その根拠には次のようなことを考えている。

①貝層はおおむね一〇《リットル》以上の容積をもち、一般的な食材として一個体の深鉢で調理したと考えられる量をはるかに超えている。

②死亡後の貝は腐敗スピードが速く、手早く処理する必要がある。

③魚骨・中形獣骨の出土状況から干物加工が推定されるため、貝類も同様の処理が想定され

る。

④集落の推定消費量以上の貝層が存在する。

食材としての貝類は廃棄率が高く、可食部分は一五～二五％と少ない。可食部分の水分量は八〇％前後と高く、タンパク質が主体で低カロリーである。処理方法は、土器で煮炊きすることが効率的で、ザルや布袋などに入れて投入・取り出しをくり返せば、数個体の深鉢で多くの二枚貝が処理できる。巻貝ではかならずザルや布袋に入れなければならない。それは次の経験から痛感した。

　外房の九十九里浜で採取されるダンベイキサゴ（イボキサゴの仲間）を数キロほど使用し、土器で煮沸実験を行った。順調に炊きあがり、火を落としてスープを取ろうとしたとき、土器が突然縦に真二つに割れた。原因は巻貝で、沸騰時は土器のなかで踊っていたものが、火を落とすと下に溜まってち密にかたまり、土器の収縮を妨げたことで縦に割れたというわけである。二枚貝の貝殻は殻頂の靭帯によるバネがあるが、巻貝はち密に絡み合って収縮しない。つまり、巻貝の煮炊きには、土器との緩衝材としてザルや布袋が不可欠となる。

　この煮炊きによって水分の多くが抽出され、高タンパクで干しやすい状態となる。しかし、貝に含まれていた塩分も煮汁に溶けだし、決して塩辛くはない。また、同じ煮汁で煮炊きをくり返しても、あまり塩辛くはならない。一方、干し貝などの乾物はアミノ酸度が大きく増加して旨味が増す。

　魚骨・獣骨の同定・分析でも干物加工の可能性が推定され、炉上の火棚に置けば、燻煙されて保存性もさらに高まる。一年を通じて食の安定が求められる縄文時代、乾物は縄文人にとって重要な生きる手段であったろう。

現在、冷蔵庫の普及と物流環境の整備によって、私たちの食生活は生鮮食料品に溢れ、生肉や生魚を調理することがあたり前の生活となっている。縄文時代の学習副読本などでも、焼き魚や串焼きの肉などが描かれ、タンパク質中心の食習慣のイメージが定着している。しかし、コラーゲン分析の成果などから、関東地方の貝塚縄文人がバランスのよい食生活であったことが明らかとなっている。ドングリなど食材の癖を和らげる有効な手段として、乾物の旨味成分が活用されたに違いない。日本の食文化は、乾物と漬物、発酵食品によって長い期間支えられてきた。日もちして旨味を増した乾物は、縄文時代から受け継がれた重要な食材として、今も私たちの暮らしを彩っている。

ここであらためて「干し貝工場説」について見てみよう。

工場説は、石材の取れない下総台地に多くの石器が出土することから、塩分を含む干し貝が石材産地との貴重な交易品と考えたわけである。しかし、実験では塩分が抜けるため、あらためて濃い塩水（鹹水《かんすい》）に漬けこむ必要がある。一方、加曽利貝塚から出土する黒曜石の多くは神津島産で、矛盾する結果となる。また、貝層を形成する貝殻のなかには、ツメタガイによる食痕を有するものや、波によって摩耗した貝殻もみられる。つまり、すでに死んでいる貝殻も含まれている。

加曽利貝塚の保存に尽力された武田先生が生前に「村田君、加曽利の貝は本当にみんな食べたものかね？」と話されたことが今でも胸にのこる。

加曽利貝塚の貝層面積は約二万㎡強で、体積は少なくとも一万㎥をはるかに超える。すべてが純貝層ではないが、二枚貝などの殻が密集する貝層も多く、個体数は膨大になる。サンプル採取等が行われていないことから実数値からの推定はできないものの、干し貝に加工したとしても、加曽利貝塚単体で消費されたとは考え難い。

そこで「干し貝工場説」が有力に見えてくる。しかし、中期後半から後期末にいたる長い期間に社会は大きく変化したことが予想される。一貫して単純な経済活動が続いたと考えることには違和感がある。

私は、干し貝工場ではなく、乾物の生産が周囲の集落との共同作業で行われていたと考えている。安定的な食材確保は集落間の結束を高め、精神的な儀式へと発展する。埋葬儀礼もふくめて、貝塚が乾物生産の場であるとともに、自然の恵みへの感謝や死者の送りの場として形成・発展していった姿を想像する。そのため、貝塚を積み上げるために貝殻も持ち込まれる。食物残滓をゴミととらえるか、あるいは自然の恩恵のあまり物と考えるかで評価は大きく変わる。

わずかな余剰生産物が遠方との交流に用いられたことは否定しない。しかし、あえて「交易・交換」という言葉を選択するほどの基礎データは、今のところもちあわせていない。

4　深まる謎

(一) 形　状

各地で大規模調査の事例が増えるなかで、縄文時代の集落跡では多くの環状集落が検出されている。この環状集落は数軒単位で集落が更新された最終的な形状で、中央部に住居を構えることを規制するなんらかの制約があったことを暗示させている。これら環状集落のなかには、廃棄された住居の埋没中の窪地に貝が廃棄され、点々と環状に貝層が広がる「列点貝塚」も見られる。

中央の遺構をともなわない空間は広場などの機能を想定する説もあるが、利便性は環境や条件で変容する。つまり、生活のなかで特定の役割をもつ場所は、暮らしの変化によって役割を終える。集落が営まれた期間を通じて、一貫して中央部に無遺構の空間を維持している要因を、単純に経済性や消費行動、利便的な機能などに当てはめることはできない。

普遍的に、また中期以降継続的に設けられる集落中央の空間には、集団としての行動とその長期的な継続が不可欠で、自然条件と相まって、精神世界を含めた人為的な要因の検討が課題となる。

加曽利北貝塚における中期後半期の貝層の堆積状況と全体形状をみると、当初から環状のプランを設定し、その完成に向けて貝殻を薄く・広く積み上げていったことが観察される。住居も貝層範囲とその外側に展開し、貝層範囲からは多くの埋葬人骨が検出される。後期に南貝塚が形成され始めても、北貝塚の中央部に遺構は構築されていない。これは、環状貝塚の中央部が「内なる世界」として、継続して住居等を抑制していたことを物語っている（図55）。

今後、大型環状貝塚や環状集落の中央部の解明に向けては、これまでの考古学的な調査ばかりでなく、残留脂肪酸分析などの自然科学的研究手法を活用した総合的な調査が求められる。

近年、関東地方の縄文後期の遺跡から環状盛土や中央窪地の事例が多く報告されている。南貝塚も中央部が周囲の標高よりも低く、窪地地形に造成されたことが考えられている。現時点で私は、近づくことも離れることをも抑止している中央部は、多くの人骨が埋葬される貝塚遺跡においては葬送にともなう空間と考えている。

いずれにせよ南・北貝塚それぞれに設けられる

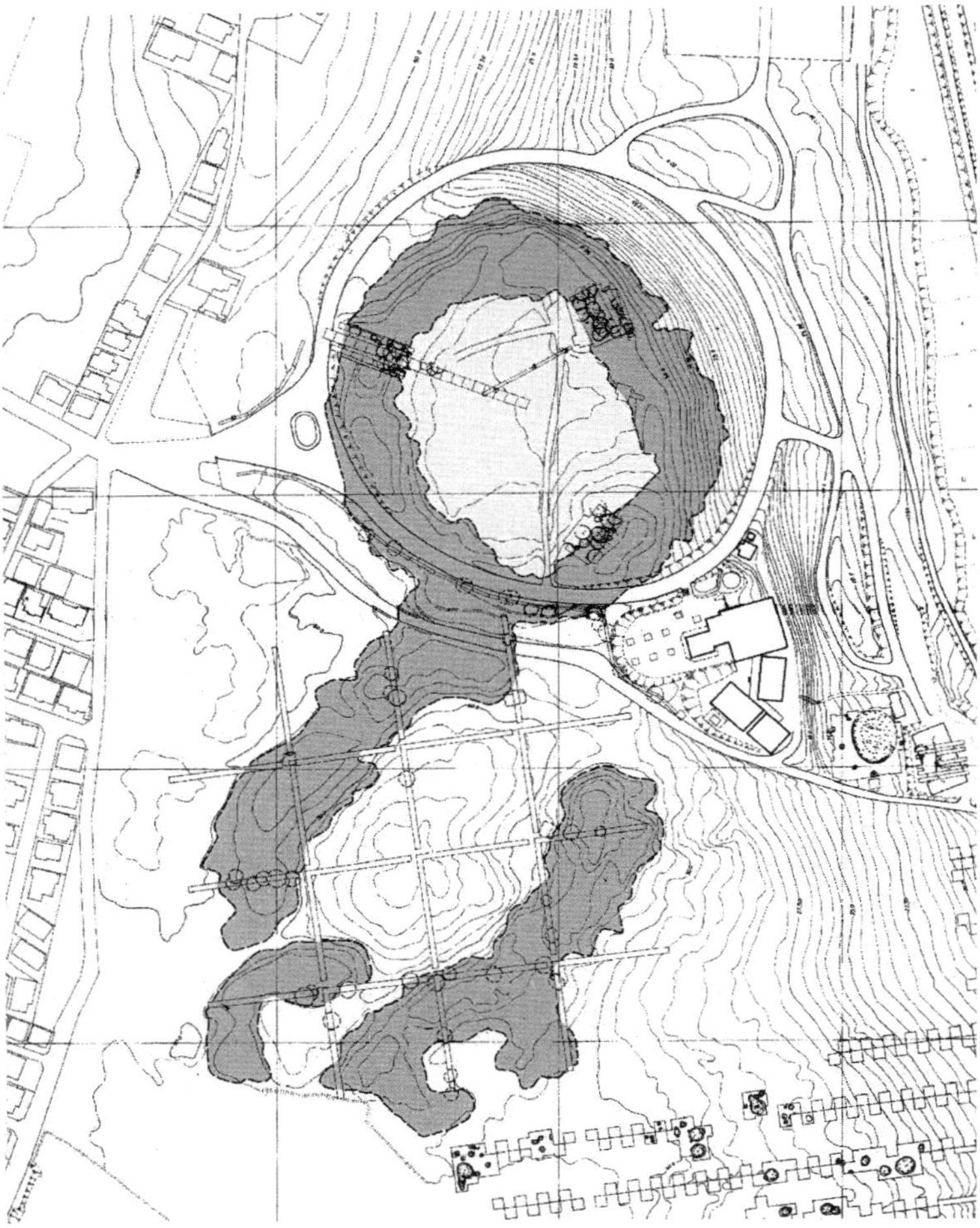

図55　加曽利貝塚貝層範囲図

無遺構の中央部には、糸口の見えない謎が秘められ、奥深い魅力ともなっている。

(二) 立　地

干し貝について生産効率の面から考えると、内陸の台地上よりも潮風のある海辺が有効で、流木など燃料も調達しやすい。内陸の分水界近くまでさかのぼる加曽利貝塚の立地は、大きな労働力を要する。あえて内陸部に廃棄率の高い貝を運び、処理する意味は何であろうか。

東日本大震災を経て、私たちはライフラインの重要性を嫌というほど認識させられた。また、温暖化によるゲリラ豪雨や土石流のニュースを見るたびに、私たちの縄文時代の気候に関するイメージは大きく変わってきた。清らかで絶えない湧水の存在は集落設定の基本で、この意見にはまず異論はあるまい。一方、宮城県東松島市の里浜貝塚を中心とした縄文遺跡の多くが高台に展開することから、津波を経験していたであろうことが論じられている。東京湾東岸でも、なんらかの自然災害の経験から、安全であることは集落設定の重要な条件であったろう。湧水のある谷間を避けて、わざわざ比高差のある台地上に住居を構えたことは、自然の脅威に対する縄文人たちの対処であったろう。

今後、沖積層のボーリング調査での詳細な分析から、津波や洪水などを示す砂層の解析などによって、縄文時代の自然災害の実態などが解明されることが期待される。

(三) イボキサゴ

次に貝塚を構成する貝類からみてみよう。

東京湾東岸の縄文時代の貝塚を構成する最も特徴的な貝種はイボキサゴで、この地域の貝塚を構

図56　北貝塚貝層断面内イボキサゴ層（部分）

成する貝類の数量ではおおむね五〇%を超え、加曽利南貝塚では八〇%以上を占める。そのため、構成貝類の分析の際、総量分析のほかに、イボキサゴを除く貝類構成の分析も多い。これまでさまざまな研究者がイボキサゴについてチャレンジしてきたが、これまでのところ決定的な成果は見られない。

イボキサゴは小形の巻貝で、干潟の沖、潮間帯下部の砂泥底に生息する。数千万から数億単位の非常に高密度の群を形成する。砂にそれほど潜らないため、ザル状の道具で一度にたくさん採ることができる。しかし、大潮の干潮時にも海面下に生息するため、採取には時間的な制約や沖への移動、採取後の運搬、採取道具など、検討すべき内容は多岐にわたる。

イボキサゴ主体の貝層にはアラムシロガイやウミニナ類など食用に適さない貝がかならず混入し

ているとことから、道具を使った漁が行われていたとする説が有力である。また、イボキサゴは一個あたりの肉量がわずかで、身を取り出して利用するには効率がわるいと考えられ、この欠点を上回るなんらかの価値、あるいは身を取り出さないで利用する方法などを考慮することなどが提言されている。イボキサゴは単体で純貝層を構成する場合も多く、処理方法についての疑問は解けない。

このイボキサゴの存在を考える上で、重要な手掛りが北貝塚の貝層断面にある（図56）。貝層断面観覧施設の北側断面の東側、貝層下部を切ってつくられた竪穴住居の断面で、住居の埋没途上にイボキサゴの純貝層と破砕貝層が交互に幾度も堆積をくり返している。断面からは一回の処理単位を正確に測ることはできないが、破砕貝・純貝とも、ほぼ同量に見える。イボキサゴの破砕は、どのような処理による結果であろうか。なぜ執着するかのようにイボキサゴという小さな巻貝が採取されたのか。

東京湾東岸の大型環状貝塚全体を理解する上で最も重く深い謎が、このイボキサゴ純貝層と破砕貝層の互層に秘められている。

Ⅵ　新たな史跡整備と貝塚総合博物館をめざして

史跡整備や遺跡博物館のあり方を模索する状況のなかで、加曽利貝塚や博物館は試行段階の存在として活動してきた。また、一九六四年の設計で年間利用者数を数千人程度と見込んで建設されたことから、施設・設備の不備は黙認できない状態がつづいている。一方、南貝塚の史跡指定以降、未整備の状況にあったことから、千葉市内にある国指定の月ノ木貝塚・荒屋敷貝塚・犢橋貝塚を包括した総合的な史跡整備の必要性が以前から問われていた。

これらの問題を抜本的に解決するため、一九七九（昭和五十四）年から三年間にわたって千葉市全域を対象とした「千葉市史跡整備基本構想」を策定し、自然科学や都市計画など各分野の専門家で構成される委員会を設置し、一九八二年に報告書を刊行した。この基本構想を受けて、縄文時代の貝塚に焦点を当てた「千葉市史跡整備基本計画」が策定され、計画に則って加曽利南貝塚の整備が進められた。

一方、この史跡整備計画に対して、市内の都市公園整備計画の一環として、地域特性を生かした大規模都市公園「縄文の森」構想が市長部局から示された。加曽利貝塚を中心に百㌶を対象とした壮大なもので、縄文文化を通して自然に親しみ学ぶ場が創造されるというものであった。

博物館は単に加曽利貝塚に限定されず、世界的な視野で貝塚文化を研究する「貝塚総合博物館」が考えられた。しかし、その後の「バブル崩壊」以降、経済の低迷によって縄文の森構想は永く「塩漬け」状態におかれることになった。

1　史跡の再整備をめざして

経済状況の悪化は市町村の財政を直撃する。とくに文化財など市民生活に直結しないと考えられる分野は、大幅な予算カットの対象ともなる。

加曽利貝塚博物館でも一〇％ほどのシーリングが何年もつづき、遣り繰りさえも困難な状況となっている。そのようななかでソフト面の充実、つまり展示や教育普及といった分野での新たな取組みが成果を見せ始めている。博物館ボランティア制度の導入である。

二〇〇一年に生涯学習関連施設全体にボランティア制度を導入する方向が示され、二〇〇三年から独自の博物館ボランティアを導入した。制度導入にあたっていくつかの課題が提起され、基本的なルールが定められた。それは導入する施設側と参加ボランティアの両者の関係を明確にしたもので、要約すると次のとおりになる。

①ボランティアの活動は新たなサービスを展開することで、これまでの行政の補完にはしない。

②ボランティア意識の醸成を図り、活動自体がボランティアの学習機会となるよう配慮する。

③無償ボランティアとする。

ボランティアは本来キリスト教をベースに発展してきたことから、当時はあまり市民にボランティア意識が定着していない状況にあった。そのため、ボランティア基礎講習の受講後、各施設での専門講習を経て登録するシステムとした。

現在は五〇人を超える登録者を数え、これまで対応が困難であった団体への説明や火起こし体験などを積極的に行っている。

体験学習でも述べたが、火起こし体験は年間で一万人を優に超える。道具類の製作からメンテナンス、指導方法の研修などを日常的に進め、円滑な運営が図られている。火起こし用具は通常数百セット用意され、余裕ある受け入れ態勢が整っている。これはボランティア制度の導入によって可能となったことで、学芸員単独では同様の成果は得られない。また、ボランティア制度の導入によって、職員が市民の視点で物事が考えられるようになった点も挙げられる。無償ボランティアとしたことへの負い目も「無償だから文句がいえる」と語られたことで、肩の荷が下りた。「何のための再整備か」と本来の目的を考える上で、受益者である市民の視点が重要で、まさに市民でもあるボランティアが良き助言者となり、現実に則した計画が検討できる体制となった。

再整備にはハード面以外にもいくつかの課題がある。まず、北貝塚は公園、南貝塚を博物館という分割した管理状況がある。そのため、史跡全体の整備に整合性がなく、違和感をもつ見学者も多い。次に極相化した森林の状況がある。史跡として保存されて以降五〇年近く経過し、落葉広葉樹林の更新時期を超え、クヌギを中心とした極相化に向かっている。樹木の多様性は失われ、風倒木の危険も増している。武蔵野の二次林に見られるような計画的な伐採と、ヒコ生えによる森林の再生・更新を進める必要が高まっている。

これらの課題は、とくに大きな予算をともなわずに解決できる。再整備の環境を整える意味からも早急な対応が求められるが、伐採に対する市民の嫌悪感を克服することもむずかしい課題となってくる。

これまで二棟の竪穴住居を独自に復原しているが、構造材の大半は園内樹木で賄っている。ゴミの減量化が強く求められるなかで、園内で発生する伐採木の有効利用など、森林環境の保全への理解を進めるように努めてきた。まさに、自給自足であった縄文時代を彷彿させる資源の循環を、博物館活動のなかに取り入れることが再整備の骨子と考えている。

きびしい経済状況は、あらためて地に足のついた整備の在り方を考えさせる機会ともなった。

博物館では、通常業務のなかから、貝塚総合博物館を目指すための資料収集を進めてきた。つまり、各種講座や企画展の目的の一つとしたわけである。

考古学講座では、まず「世界の貝塚」シリーズで世界各地域の貝塚の情報を収集し、次に「縄文の食資源を探る」シリーズでは、貝塚から出土する動物や推定される植物について、考古学・生物学などの多角的な視点で検討している。近年は、考古学入門講座として、縄文早・前期、中期、後期など、各時期の貝塚の詳細を解説する講座を展開した。

企画展では「貝塚の謎を探る」シリーズで、北海道・青森・南三陸・南九州・北九州・有明海沿岸・仙台湾・福島県と、地域の貝塚に焦点をあてた展示を展開し、あわせて情報の収集と対象地域との交流を進めてきた。

これらの活動で得た情報やネットワークによっ

て、新たな博物館の展示や活動の基盤を地道に、そして確実に積み上げてきている。

2　資料の再整理と特別史跡への昇格

近年、考古学の分野でも国宝や特別史跡に指定される事例が増えている。市民からは「加曽利貝塚を世界遺産に」といった声もあり、あらためて千葉市内も大型環状貝塚についての再評価が求められてきている。そのようななかで、これまで細々と整理を進めてきた加曽利貝塚出土資料について、再整理を行う予算が承認された。

これまで、目立つ資料を抽出して報告していたものを、すべての資料を対象に整理し直す。このことによって加曽利貝塚について正確な評価を下す基礎資料を公表することになる。その目指すところには、加曽利貝塚の普遍的価値を評価するために必要な基礎資料を積み上げ、現在の国指定史跡から特別史跡へ昇格することである。保存に向けた最初の発掘から五〇年目となる節目に、新たな一歩が踏み出される。

再整理は三年計画で、二〇一六年には報告書が刊行される。報告書には遺構や出土遺物の整理・報告に止まらず、これまで博物館で実施してきた調査研究事業の成果なども集大成された形で掲載される。

特別史跡への昇格には、単に遺跡の重要性ばかりでなく、史跡の整備・保存状況が評価基準の大きな要素となる。貝塚というきわめて特殊な遺跡の整備・活用をはかるには、他に例のない独自の姿と同時に、多くの市民がくり返し訪れる魅力ある史跡を目標に整備することが求められてくる。

加曽利貝塚博物館

住　　所	〒264－0026　千葉市若葉区桜木８丁目33番１号
問 合 せ	電話 043－231－0129　FAX 043－231－4986
開館時間	９時から17時（入館は16時30分まで）
休 館 日	月曜・祝日（月曜が祝日の場合は翌日も休館） 年末・年始（12月29日から１月３日）
観 覧 料	大人（15歳以上）60円、小人（６歳～15歳未満）30円 （30名以上の団体の場合は大人50円、小人25円）
交通案内	〔バス〕 JR 千葉駅前の９番乗り場より、京成バス「御成台車庫（市営霊園経由）」行きに乗車、「桜木町」バス停下車、徒歩約15分 〔モノレール〕 JR 千葉駅または都賀駅より、千葉都市モノレール（千城台方面行き）に乗車、「桜木」駅下車、徒歩約15分

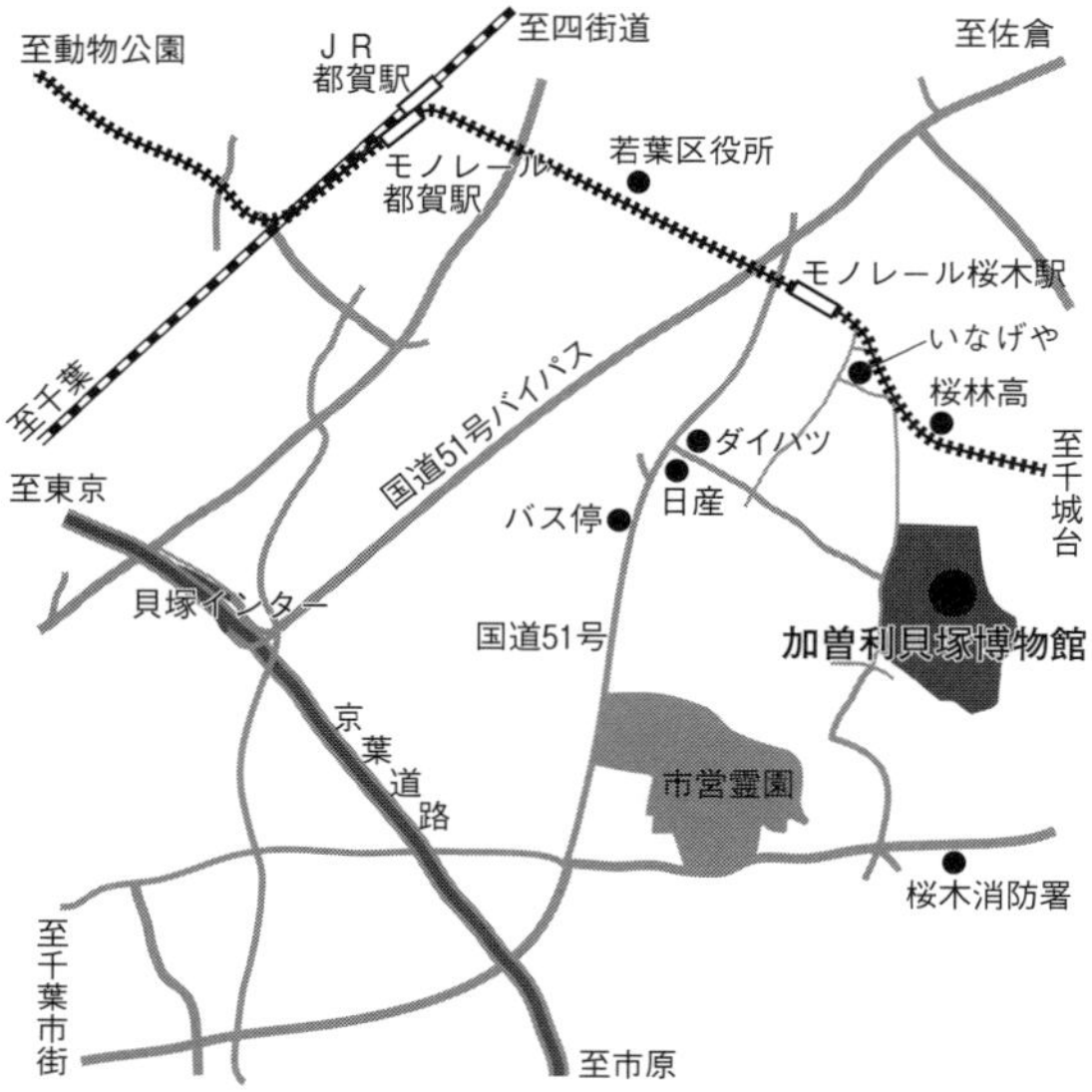

参考文献

青木繁夫　一九九六「加曽利貝塚遺構の保存について」『貝塚博物館紀要』第二三号、千葉市立加曽利貝塚博物館
青沼道文　二〇〇〇「加曽利貝塚」『千葉県の歴史資料編考古一（旧石器・縄文時代）』千葉県史料研究財団
秋葉光太郎・村田六郎太　一九九六「加曽利北貝塚の野外施設について―観察される現状と問題を中心に」『貝塚博物館紀要第二三号』千葉市立加曽利貝塚博物館
麻生　優　一九五二「加曽利貝塚発見の玉器」『上代文化』二三
阿部芳郎　二〇〇一「縄文時代後晩期における大形竪穴建物址の機能と遺跡群」『貝塚博物館紀要』第二八号、千葉市立加曽利貝塚博物館
阿部芳郎　二〇〇五「加曽利南貝塚における貝塚形成過程と集落展開」『貝塚博物館紀要』第三二号、千葉市立加曽利貝塚博物館
甘粕　健　一九六四「加曽利貝塚の発掘と保存運動」『考古学手帖』二三
荒井　魏　一九八三「加曽利貝塚」『日本の遺跡発掘物語　二　縄文時代』社会思想社
新井重三ほか　一九八三「縄文時代の石器―その石材の交流に関する研究―」『貝塚博物館研究資料』第四集、千葉市立加曽利貝塚博物館
新井司郎　一九七三「縄文土器の技術」『貝塚博物館研究資料』第一集、加曽利貝塚博物館
石井則孝ほか　一九七八「貝塚と集落」『シンポジウム縄文貝塚の謎』新人物往来社
石田　一九一五「雑報・下総国千葉郡加曽利貝塚発掘（口絵説明）」『東京人類学雑誌』第三〇巻第一二号、東京人類学会
石田収蔵　一九〇七「東京人類学会第三回遠足会（下総国千葉郡都村大字加曽利貝塚調査）」『東京人類学雑誌』第二六〇号、東京人類学会

石堂徹生　一九九四「加曽利貝塚」『朝日マンテーママガジン―日本の遺跡』五〇、朝日新聞社
今西　龍　一九〇七「到着から散会まで」『東京人類学雑誌』第二六〇号、東京人類学会
上田英吉　一八八七「下総国千葉郡介墟記」『東京人類学雑誌』第一九号、東京人類学会
上羽貞幸　一九二三「加曽利貝塚の近状」『考古学雑誌』第一三巻第一一号、考古学会
上羽　生　一九一五「雑報・東京人類学会遠足会」『東京人類学雑誌』第三〇巻第一二号、東京人類学会
海野徹也　二〇一〇『クロダイの生物学とチタの釣魚学』成山堂書店
江坂輝弥　一九七三「加曽利貝塚の人々」『古代史発掘』二
江見水蔭　一九〇九「加曽利貝塚大発掘」『探検実記　地中の秘密』博文館
大野雲外　一九〇七「加曽利貝塚の概況」『東京人類学雑誌』第二六〇号、東京人類学会
大宮守誠　一九三七「千葉県加曽利古山貝塚に就て」『考古学雑誌』第二七巻第六号、考古学会
大山史前学研究所　一九三七「千葉県千葉郡都村加曽利貝塚調査報告」『史前学雑誌』第九巻第一号加曽利貝塚号、史前学会
岡田茂弘ほか　一九八八「千葉市立加曽利貝塚博物館開館二〇周年記念特別講座講演集」千葉市立加曽利貝塚博物館
岡本　勇　一九六三「加曽利貝塚の意義」『考古学研究』一〇―一、考古学研究会
小田桐健児　一九一五「雑報・下総加曽利貝塚踏査」『東京人類学雑誌』第三〇巻第一二号、東京人類学会
海津正倫　一九九四『沖積低地の古環境学』古今書院
貝塚爽平ほか　一九七九「千葉県の低地と海岸における完新世の地形変化―付都川・古山川合流点付近沖積層の珪藻群集」第四紀研究
貝塚爽平ほか　二〇〇〇『日本の地形四―関東・伊豆小笠原』東京大学出版会
金子浩昌ほか　一九八二「貝塚出土の動物遺体―関東地方・縄文時代貝塚の動物相とその考古学的研究」『貝塚博物館研究資料』第三集、千葉市立加曽利貝塚博物館

木村　賛ほか　二〇〇一「加曽利貝塚人骨の総合調査」『貝塚博物館研究資料』第六集、千葉市立加曽利貝塚博物館
朽津信明・青木繁夫　二〇〇〇「加曽利貝塚遺跡における遺構保存を目的とした環境調査（Ⅱ）」『貝塚博物館紀要』第二七号、千葉市立加曽利貝塚博物館
朽津信明・青木繁夫　二〇〇一「加曽利貝塚遺跡における遺構保存を目的とした環境調査（Ⅲ）」『貝塚博物館紀要』第二八号、千葉市立加曽利貝塚博物館
朽津信明・吉田充夫・青木繁夫　一九九九「加曽利貝塚遺跡における遺構保存を目的とした環境調査（Ⅰ）」『貝塚博物館紀要』第二六号、千葉市立加曽利貝塚博物館
久保大輔・諏訪元　二〇〇八「加曽利貝塚博物館所蔵、荒屋敷貝塚ならびに緑町小学校古人骨の保存状況」『貝塚博物館紀要』第三五号、千葉市立加曽利貝塚博物館
甲野　勇　一九四一「独鈷石資料―下総国千葉郡都村加曽利貝塚発見」『古代文化』第一二巻五号、古代文化研究会
後藤和民　一九七〇「昭和四三年度野外施設整備調査概報」『貝塚博物館紀要』第三号、千葉市立加曽利貝塚博物館
後藤和民　一九七一「加曽利貝塚の保存と博物館」『月刊文化財』九四、文化庁
後藤和民　一九七三「加曽利貝塚」『日本考古学年報』二四、日本考古学協会
後藤和民　一九七四「東京湾東岸の貝塚群とその保存」『考古学研究』二一―二、考古学研究会
後藤和民　一九七四「遺跡案内―加曽利貝塚」『日本考古学の視点上』
後藤和民・庄司克　一九八一「昭和四七年度　加曽利南貝塚南側平坦部第四次遺跡限界確認調査概報」『貝塚博物館紀要』七号、千葉市立加曽利貝塚博物館
後藤和民・庄司克・飯塚博和　一九八二「昭和四八年度　加曽利貝塚東傾斜面第五次発掘調査概報」『貝塚博物館紀要』八号、千葉市立加曽利貝塚博物館
後藤和民・庄司克・後藤美智子　一九八一「昭和四五・四六年度　加曽利貝塚東傾斜面発掘調査概報」『貝塚博物館紀要』六号、千葉市立加曽利貝塚博物館

後藤和民ほか　一九七四『千葉市史　一　原始古代中世編』千葉市教育委員会
後藤和民ほか　一九八七『史跡加曽利南貝塚予備調査概報—昭和六一年度史跡整備に伴う物理探査および試掘調査概報』千葉市教育委員会文化課
後藤和民ほか　一九九〇『史跡加曽利貝塚環境整備に伴う事前調査概報』千葉市教育委員会文化課
小林謙一・工藤雄一郎　二〇一一『縄文はいつから』国立歴史民俗博物館編　新泉社
小林達雄　一九八六「縄文社会を伝える巨大貝塚—加曽利貝塚」『図説発掘が語る日本史　第二巻　関東・甲信越編』新人物往来社
小宮　孟　一九九一「魚類遺存体の組成復原に関わる資料採集法について」『国立歴史民俗博物館研究報告』第二九集
近藤義郎　一九六五「加曽利貝塚を思う」『考古学研究』一一—二、考古学研究会
佐々木邦　一九三七「第一回史前学会貝塚見学遠足会記」『史前学雑誌』第九巻第一号加曽利貝塚号、史前学研究所
宍倉昭一郎　一九八四「加曽利貝塚の広域保存と活用」『文化財を守るために』二五
忍澤成視・村田六郎太・森本剛　二〇一二「千葉市加曽利貝塚出土の貝製品—その素材に着目した調査研究」『貝塚博物館紀要』第三九号、千葉市立加曽利貝塚博物館
庄司　克　一九六九「加曽利南貝塚貝層中発見の炉跡について」『貝塚博物館紀要』第二号、千葉市立加曽利貝塚博物館
庄司　克　一九七二「加曽利南貝塚の遺跡限界確認調査の意義について」『MUSEUMちば』一、千葉県博物館協会
杉原荘介　一九六六『加曽利貝塚』中央公論美術出版
鈴木公雄ほか　一九八八『加曽利貝塚と日本考古学—加曽利貝塚保存二五周年記念講演会』千葉市立加曽利貝塚博物館
関野克・岩崎友吉・登石健三・江本義理・樋口清治・薬師寺崇　一九八二「昭和四八年度野外施設整備事業調査報

告」『貝塚博物館紀要』第八号、千葉市立加曽利貝塚博物館
関矢建男　一九九六「加曽利北貝塚の貝層断面観覧施設の保存処理」『貝塚博物館紀要』第二三号、千葉市立加曽利貝塚博物館
芹沢長介　一九六二「千葉県千葉市加曽利貝塚」『日本考古学年報』一一、日本考古学協会
滝口　宏ほか　一九七一『加曽利貝塚Ⅳ　昭和四三年度加曽利北貝塚調査報告書』千葉市立加曽利貝塚博物館
武田宗久　一九六三「加曽利貝塚の発掘と現状について」『日本考古学協会第二九回総会発表要旨』日本考古学協会
武田宗久　一九六四「加曽利貝塚の意義と保存対策」『房総史学』五、房総史学会
武田宗久編　一九六七『加曽利貝塚Ⅰ　昭和三七年度加曽利北貝塚調査報告書』千葉市教育委員会
武田宗久ほか　一九八七『加曽利貝塚博物館二〇年の歩み』千葉市立加曽利貝塚博物館
建石徹・津村宏臣・二宮修治　二〇〇四「加曽利南貝塚出土黒曜石の原産地推定」『貝塚博物館紀要』第三一号、千葉市立加曽利貝塚博物館
建石徹・二宮修治　二〇〇五「加曽利北貝塚出土黒曜石の原産地推定」『貝塚博物館紀要』第三二号、千葉市立加曽利貝塚博物館
建石徹・二宮修治　二〇〇八「加曽利南貝塚東傾斜面出土黒曜石の原産地推定」『貝塚博物館紀要』第三五号、千葉市立加曽利貝塚博物館
田中英世　一九八七「千葉市加曽利貝塚西平坦部採集の遺物について」『貝塚博物館紀要』第一四号、千葉市立加曽利貝塚博物館
田中英世　一九九六「加曽利西貝塚の調査―昭和五三・平成元年の立合調査資料から」『貝塚博物館紀要』第二三号、千葉市立加曽利貝塚博物館
田辺　晋ほか　二〇〇八「東京低地東縁における2本のボーリングコア堆積物の堆積相と放射性炭素年代」『地質調査研究報告VOL59 No3/4』地質調査総合センター

田原　豊ほか　一九七七「千葉県における稲作の起源に関する花粉分析学的研究」『稲作の起源と伝承に関する花粉分析学的研究』中間報告
田原　豊　一九八二「上ノ台遺跡の花粉分析学的研究」『千葉・上ノ台遺跡』千葉市教育委員会
田原　豊　一九八六「加曽利貝塚における花粉分析」『史跡加曽利南貝塚整備基本設計』千葉市教育委員会
千葉市史編纂委員会　一九七六「加曽利貝塚」『千葉市史資料編―原始古代中世編―』千葉市
坪井正五郎　一九〇七「遠足会の結果」『東京人類学雑誌』第二六〇号、東京人類学会
勅使河原彰　一九九五「加曽利貝塚の発掘と縄文土器の編年研究」『日本考古学の歩み』名著出版
樋泉岳二　一九九五「加曽利南貝塚貝層断面観覧施設建設に伴う貝層分析調査について」『貝塚博物館紀要』第二二号、千葉市立加曽利貝塚博物館
樋泉岳二　一九九九「貝層の研究Ⅰ」『貝塚博物館研究資料』第五集、千葉市立加曽利貝塚博物館
樋泉岳二　一九九九「東京湾地域における完新世の海洋環境変遷と縄文貝塚形成史」『国立歴史民俗博物館研究報告』第八一集
樋泉岳二　二〇一一「貝塚博物館所蔵の加曽利貝塚出土魚類遺体」『貝塚博物館紀要』第三八号、千葉市立加曽利貝塚博物館
富沢威・庄司克・薬袋佳孝・富永健　一九八六「土器の胎土分析とその応用―加曽利貝塚を中心とした出土土器の放射化分析」『貝塚博物館紀要』第一三号、千葉市立加曽利貝塚博物館
富沢威・庄司克・薬袋佳孝・富永健　一九八八「縄文土器の放射化分析」『貝塚博物館紀要』第一五号、千葉市立加曽利貝塚博物館
中村敦子　一九九七「土器製塩研究と実験考古学」『貝塚博物館紀要』第二五号、千葉市立加曽利貝塚博物館
日本考古学協会加曽利貝塚調査団　一九六八『加曽利貝塚Ⅱ　昭和三九年度加曽利南貝塚調査報告書』千葉市立加曽利貝塚博物館

日本考古学協会加曽利貝塚調査団　一九七〇『加曽利貝塚Ⅲ　昭和四〇・四一・四二年度加曽利北貝塚調査報告書』千葉市立加曽利貝塚博物館
橋口尚武　一九八三「史跡加曽利貝塚　隣接地の試掘はこれでよいのか」『考古学研究』三〇―一、考古学研究会
長谷川陽　二〇〇八「故武田宗久氏保管遺物（武田宗久コレクション）の紹介（一）」『貝塚博物館紀要』第三五号、千葉市立加曽利貝塚博物館
樋口清治・関野克ほか　一九八〇「集落遺構の保存―その実験的研究序説―」『貝塚博物館研究資料』第二集、千葉市立加曽利貝塚博物館
平瀬信太郎　一九二六「加曽利貝塚の貝類について」『人類学雑誌』第四一巻第七号、東京人類学会
藤沢宗平　一九三八「加曽利貝塚に就いて」『早高史学一』
本郷一美　一九九一「哺乳類遺存体に残された解体痕の研究」『国立歴史民俗博物館研究報告』第二九集
松井　章ほか　二〇〇六『動物考古学の手引き』独立行政法人奈良文化財研究所埋蔵文化財センター
松島義章　二〇〇六『貝が語る縄文海進―南関東、＋2℃の世界』友隣堂新書六四
水嶋崇一郎・諏訪元　二〇〇九「東京大学総合博物館所蔵千葉市出土縄文人骨」『貝塚博物館紀要』第三六号、千葉市立加曽利貝塚博物館
村田六郎太　一九九五「加曽利貝塚と縄文人」『再現！縄文の世界―縄文時代の島根と東日本』島根県立八雲立つ風土記の丘
村田六郎太　一九九八「体験学習」『博物館学芸員教材テキスト―考古学・続編―』財団法人放送大学教育振興会
村田六郎太　二〇〇八「故武田宗久氏保管資料（武田宗久コレクション）について」『貝塚博物館紀要』第三五号、千葉市立加曽利貝塚博物館
村田六郎太　二〇〇八「中型獣解体に関する二、三の考察」『生産の考古学Ⅱ』同成社
村田六郎太　二〇一二「加曽利南貝塚出土中型獣骨の基礎整理」『貝塚博物館紀要』第三九号、千葉市立加曽利貝塚

博物館
村本周三・永嶋正春　二〇〇七「加曽利貝塚博物館における縄文土器を用いた調理実験」『貝塚博物館紀要』第三四号、千葉市立加曽利貝塚博物館
薬師寺崇　一九七一「昭和四四年度野外施設整備事業調査概報」『貝塚博物館紀要』第四号、千葉市立加曽利貝塚博物館
薬師寺崇　一九七二「昭和四五年度野外施設整備事業調査概報」『貝塚博物館紀要』第五号、千葉市立加曽利貝塚博物館
薬師寺崇　一九八一「昭和四六年度野外施設整備調査概報」『貝塚博物館紀要』第六号、千葉市立加曽利貝塚博物館
薬師寺崇　一九八四「野外施設における現状と問題点」『貝塚博物館紀要』第一一号、千葉市立加曽利貝塚博物館
八幡一郎　一九二四「千葉県加曽利貝塚の発掘」『人類学雑誌』第三九巻第四・五・六号、東京人類学会
八幡一郎　一九二六「雑報・汎太平洋学術会議見学旅行加曽利行」『人類学雑誌』第四一巻第一二号、東京人類学会
八幡一郎　一九三〇「千葉県加曽利貝塚の発掘」『土器石器』
山田紀男　一九七一「東京湾の潮流」『水路要報』九一
山内清男　一九二八「雑報・下総上本郷貝塚」『人類学雑誌』第四三巻第一〇号、東京人類学会
山本　勇　一九九五「加曽利南貝塚の整備を終えて」『貝塚博物館紀要』第二二号、千葉市立加曽利貝塚博物館
山本勇・村田六郎太・横田正美・村本周三　二〇〇六「史跡加曽利貝塚における復原住居火災の一事例」『貝塚博物館紀要』第三三号、千葉市立加曽利貝塚博物館
歴史環境計画研究所・千葉市文化課　一九八八『昭和六二年度史跡加曽利南貝塚環境整備事前調査報告書』千葉市教育委員会文化課
不明　一九〇九「雑報・滑車形土製品一対揃いて発見さる」『東京人類学雑誌』第二七七号、東京人類学会
不明　一九二五「雑報・下総加曽利貝塚行」『人類学雑誌』第四〇巻第一号、東京人類学会

あとがき

加曽利貝塚を中心とした東京湾東岸の大型環状貝塚群は、戦後の高度成長とそれにともなう首都圏の拡大を背景としたさまざまな開発計画のなかで、考古学の先輩たちばかりでなく、多くの市民の方々の活動によって一部が奇跡的に保存されてきた。

考古学の研究対象となる貝塚などの埋蔵文化財は、建築構造物などと異なり、誰にでも理解できる姿を見せているわけではない。小規模な発掘調査を行いながら市民に公開し、遺跡の重要性を説明することで共感を得た地道な努力の積み重ねが現在の遺跡保護に結び付いたことは、日本の埋蔵文化財行政の根幹として世界に誇ることができる。

加曽利貝塚をはじめとする東京湾東岸の大型環状貝塚群は、特異な自然条件を背景として、独特の文化を開花させている。学術的にみると、縄文時代を研究する上で最も有用な情報を包蔵する大型環状貝塚群は、人類の重要な活動の痕跡としての普遍的な価値についてあらためて正当な評価が期待されている。

史跡の整備にあたっては、近視眼的な「費用対効果」を廃し、永く積極的な活動が進められる環境整備に重点を置いた視点がのぞまれる。都市化する千葉市のなかでホッとできる緑の空間、そこで進められる縄文時代という非日常性は、私たちに「自然との調和とは何か」を語りかけてくれる。貝塚という遺跡が多くの縄文人によって形成されてきたことと同じように、多くの市民の方々が集うことができる空間の設定が、真の史跡整備の姿であると固く信じている。

また、基礎研究が等閑になってきている昨今、博物館への期待はドラマティックな成果よりも、地道なデータの蓄積や情報の公開にある。博物館や研究機関との連携を通じてこそ、大きな成果が期待できる。そのサイクルの形成によって生きた博物館活動が継続される。この理想像は、決して絵にかいた餅ではない。一歩ずつ積み重ねることのたいせつさを、退職寸前の今になって体感している。

本書の執筆には、出土骨類の基礎整理の進行が大きな課題であった。具体的な数値を提示することを自身にも課していた。そのため、資料整理も含めて多くの方々のご協力を賜った。また、加曽利貝塚博物館の常勤・非常勤の職員をはじめ、土器づくり同好会や博物館ボランティア、博物館友の会、加曽利貝塚自然観察グループの方々からはさまざまな助言を頂いた。今後、加曽利貝塚博物館が縄文時代の貝塚研究を通じて、市民や研究者により開かれた施設となり、より活発に動きつづけることを期待し、深く謝意を示すとともに、まとめとしたい。

二〇一三年三月

菊池徹夫
坂井秀弥　企画・監修「日本の遺跡」

46　加曽利貝塚《かそりかいづか》

■著者略歴■

村田　六郎太（むらた・ろくろうた）

1952年生まれ

2013年、加曽利貝塚博物館副館長退職

主要著作論文

「貝塚形成期の海洋環境復原に関わる二・三の試み」『人類史研究 vol.12』2000年

「貝塚出土魚類の体長組成の推定に関わる基礎調査報告(1)・(2)・(3)」『貝塚博物館紀要』24号・26号・31号、1997・1999・2004年

「縄文時代の狩猟・解体に関する二・三の考察」『生産の考古学Ⅱ』同成社、2008年

「成形法」『総覧縄文土器』2008年

「加曽利南貝塚出土中形獣骨の基礎整理」『貝塚博物館紀要』39号

2013年５月10日発行

著　者　村田六郎太
発行者　山脇洋亮
印　刷　亜細亜印刷㈱
製　本　協栄製本㈱

発行所　東京都千代田区飯田橋4-4-8（〒102-0072）東京中央ビル　㈱同成社
TEL　03-3239-1467　振替　00140-0-20618

ISBN978-4-88621-624-3 C3321